© Éditions Michel Lafon, 2006
7-13, boulevard Paul-Émile Victor
Île de la Jatte
92521 Neuilly-sur-Seine Cedex
www.michel-lafon.com

© Fromageries Bel S.A., 2006
16, boulevard Malesherbes
75008 Paris

Tous droits de traduction, d'adaptation et de reproduction,
illustrations comprises, réservés pour tous pays.

La vache qui rit, La vache qui rit légère, La vache qui rit jambon,
Pik et Croq', Minicrème, Toastinette et leurs logos
sont des marques enregistrées et la propriété exclusive des Fromageries Bel S.A.

La vache qui rit

Sa vie,
ses recettes

Sommaire

Ses recettes

Sa vie

The Laughing Cow®
Light
50% Less Fat
than other leading brands
FRENCH ONION
FLAVOR
SEE BACK FOR NUTRITION FACTS
LIGHT PASTEURIZED CHEESE
A French Favorite
8 Spreadable Cheese Wedges
8-3/4 oz (21g) wedges - 6 oz (171g)
8 Light FRENCH ONION

La vache qui rit, une grande voyageuse

Qu'est-ce qui est triangulaire, n'a pas de jambes et pourtant fait le tour du monde plusieurs fois par jour ? La vache qui rit, à bord de sa petite boîte ronde ! 97 % des Français connaissent La vache qui rit et continuent de s'interroger sur les raisons de son hilarité ! Mais combien savent que notre vache nationale a aussi une place de choix dans le cœur des enfants du monde entier ?

Née en France fin 1918, dans un petit atelier jurassien, La vache qui rit a su dépasser toutes les frontières pour se vendre maintenant dans plus de 120 pays sur les cinq continents. Que tous les grands voyageurs soient rassurés, ils ne seront jamais perdus, grâce à La vache qui rit et à sa boîte-boussole. Ils trouveront les fameuses portions triangulaires aussi bien dans une échoppe de Fès que dans une épicerie écossaise, un hypermarché

texan ou sur le stand d'un vendeur égyptien... Si des rayons entiers lui sont consacrés dans les supermarchés belges, dans les pays du Maghreb c'est plutôt à l'unité que vous pourrez l'acheter.

La Terre est ronde comme une boîte de La vache qui rit

Tous les jours, des centaines de camions réfrigérés sillonnent la planète pour alimenter en La vache qui rit les différents points de vente, des plus grands hypermarchés aux plus petits détaillants. Seulement 20 % environ de la production est commercialisée en France, et 17 usines sont implantées à l'étranger.

Au total, près de 9 000 personnes travaillent pour le groupe Bel qui diffuse 20 marques nationales et internationales. Le groupe Bel, du nom de Léon Bel, le créateur de La vache qui rit, est le numéro 1 mondial des fromages de marque en portions et le premier producteur de fromage fondu en France et en Europe, leader dans un grand nombre de pays. Les grandes qualités de conservation de ce fromage et sa miniaturisation en ont fait, dès sa création, un produit d'exportation par excellence. Protégé par son enveloppe aluminisée, il peut être acheminé partout dans le monde.

Trois millions de litres de lait sont collectés quotidiennement pour le groupe Bel sous ses différentes marques. Pour La vache qui rit, ce sont plus de dix millions de portions englouties chaque jour dans le monde, soit 2 300 portions toutes les 20 secondes ! Empilées les unes sur les autres, elles représentent l'équivalent en hauteur de 500 tours Eiffel.

Si l'on mettait bout à bout tous les fromages à l'effigie de La vache qui rit consommés chaque année dans le monde, on pourrait faire le tour de la Terre.

13

La boîte ronde en
Arabie Saoudite !

La vache qui rit, globe-trotteuse infatigable

Forte du succès de La vache qui rit dès sa création, l'entreprise Bel s'est tournée vers l'Europe en ouvrant une première usine à Southampton, au Royaume-Uni, en 1929. En s'exportant auprès des grandes puissances européennes, elle séduit par là même leurs colonies de l'époque.

Elle s'installe en Belgique en 1933, au Danemark en 1953, en Allemagne en 1959, en Espagne en 1965 et aux Pays-Bas en 1967. Bientôt, l'Europe ne suffit plus à satisfaire l'appétit de la vache française intrépide. Elle traversera la Méditerranée en 1974 pour l'ouverture de la première filiale au Maroc. Suivrons l'Égypte en 1998, l'Algérie en 2001, la Tunisie et la Grèce en 2002, la Syrie en 2005…

Parlez-vous La vache qui rit?
À chaque pays sa La vache qui rit

Pour mieux voyager et rester accessible à tous, la marque La vache qui rit est traduite dans des dizaines de langues. Si les coqs font « Kikeriki ! » en Allemagne au lieu du « Cocorico ! » français, La vache qui rit pour sa part garde dans tous les pays son éternel sourire, ses boucles d'oreille et sa jovialité légendaire.

The laughing cow®
aux États-Unis et en Angleterre

Die lachende Kuh®
en Allemagne et en Autriche

Vesela krava®
en République tchèque et en Slovaquie

Krowka smieska®
en Pologne

La vaca que rié®
en Espagne

A vaca que ri®
au Portugal

Con bo cuoi®
au Vietnam

Vessiolaia bourionka®
en Russie

La vache qui rit, fromage moderne, ne se consomme pas de la même façon selon les pays et les traditions. Ainsi, les Indiens de France et de Grande-Bretagne ont détourné la recette de la traditionnelle galette indienne (cheese nan) en la fourrant avec de La vache qui rit chaude. Du fait de sa grande richesse nutritive, La vache qui rit sert de complément alimentaire dans des régions à faible consommation laitière ; elle compense le manque chronique de vitamine D dans les pays du Moyen-Orient

Un clin d'œil en direct de Prague...

21

grâce à une version spécifique également enrichie en calcium. À l'inverse, la version allégée est un grand succès aux États-Unis.

Les Américains, et plus particulièrement les Américaines, qui sont friands de fromage à tartiner, ont leur propre usine dans le Kentucky depuis les années 1970.

Ce fromage, produit d'importation, garde une image de luxe, qui touche donc une niche commerciale plutôt réduite. Pourtant, depuis le succès de *The South Beach Diet*, le best-seller du docteur Agatston recommandant ce fromage comme aliment diététique de régime, les ventes de La vache qui rit se sont envolées : l'usine américaine a dû appeler les

Lose the fat, not the flavour.

Publicité britannique :
« Perdez les matières grasses,
pas le goût. »

En Thaïlande, la circulation est dense sous le regard
de La vache qui rit...

producteurs français à la rescousse pour être à même de répondre à la demande.

Or en trente ans, la formule, le poids et les boîtes de *The laughing cow* ont énormément changé par rapport à La vache qui rit, obligeant l'usine française à s'adapter.

Publicité britannique :
« Tout ce que vous 'prenez', c'est du plaisir. »

Cette expansion internationale est soutenue par une publicité adaptée qui véhicule partout dans le monde l'identité de La vache qui rit. La vache infatigable va aussi à la rencontre des « vachequiriphiles » en participant à de grands événements sportifs.

Elle a ainsi été partenaire de la Fédération française de football, sponsor du célèbre tour cycliste français et des « Six jours de Paris », impliquée dans les olympiades au côté de Hicham el Guerrouj et partenaire officielle de la Coupe d'Afrique des Nations, le plus grand événement sportif du continent africain.

La vache qui rit partenaire
de la Coupe d'Afrique des Nations.

La vache qui rit : une grande famille

Unique et multiple, La vache qui rit a su s'adapter et proposer une gamme de plus en plus large à travers le monde. Ainsi, La vache qui rit nature se décline en portions triangulaires, carrées ou rectangulaires, dans des boîtes allant de 3 à 32 portions, pour s'adapter à toutes les habitudes de consommation.

Toujours moderne, La vache qui rit sait aussi se faire légère pour qu'on la dévore sans scrupule.

Coquette, elle sait varier ses atours. Selon les pays et les envies, on la trouvera parée de différents arômes, fleurant bon le chèvre, les deux bleus, les champignons, les herbes, le paprika…

Pourquoi s'arrêter là ? Les inconditionnels de la tartine trouveront également leur bonheur dans les barquettes, individuelles pour qui ne veut pas en perdre une once, familiales pour les grandes tablées.

La vache qui rit®

La vache qui rit légère®

La vache qui rit jambon®

Pik et Croq'®

Minicrème®

Toastinette®

FORMAT FAMILIAL | FAMILY PACK

La vache qui rit.

Pik & Croq'

x8

La vache qui rit.

Pik & Croq'

x5

Pik & Croq´,
le fromage
des nomades !

Dans la famille La vache qui rit, j'échange le frère Pik et Croq' contre la sœur Toastinette

Eh oui, La vache qui rit a une multitude de petits frères et sœurs qui, eux aussi, ont réussi à nous séduire par leur goût et leur originalité. Fromage nomade, Pik et Croq', avec ses biscuits croustillants à tremper dans du fromage fondant, fait du goûter un délice à emporter. Mini-crème, très onctueuse, se consomme à la cuillère, en tartines ou en roudoudou ! Crue ou cuite, à cheval sur un croque-monsieur ou en sandwich, Toastinette est devenue un ingrédient indispensable aux meilleures recettes.

D'un continent à l'autre, La vache qui rit, avec ses myriades de saveurs et de formes, reste un fromage inimitable !

29

Portrait de vache

L'aventure de La vache qui rit a débuté dans le village d'Orgelet en 1865. C'est une histoire de tradition familiale et d'amour des fromages jurassiens qui mène son héroïne à travers le siècle sans qu'elle y perde le sourire. Le sourire ? Mais non, elle rit !

La vache qui rit, une histoire de famille

En 1865, Jules Bel, jeune Jurassien âgé de 23 ans, décide de s'installer à une vingtaine de kilomètres de Lons-le-Saunier, à Orgelet, petite cité comtoise de caractère et ville natale de Cadet Roussel. Dans les caves d'un ancien monastère capucin, il fonde une petite entreprise spécialisée dans l'affinage de fromages de Comté. Les débuts de la fromagerie sont très modestes : un peu d'argent prêté par un parent, un solide savoir-faire et une grande discipline de travail. Jules Bel travaille rapidement avec un réseau de producteurs de qualité qui le fournissent en meules de gruyère, de comté ou d'emmenthal fraîchement moulées qu'il affine ensuite. Comme le raconte son fils Léon Bel en 1953, dans un article pour la Société d'émulation du Jura : « Il a toujours su garder une réputation d'homme intègre, tant auprès des fournisseurs que de ses clients.

Une des usines de Lons, dans les années trente.

Aussi avons-nous encore aujourd'hui des Coopératives qui nous sont restées fidèles et nous cèdent, depuis quatre-vingt-cinq ans, leur production dans la proportion de 9/10es. »

Léon Bel à la fin de la guerre.

En 1897, la fromagerie est devenue prospère et Jules Bel décide de passer la main à ses deux fils, Henri et Léon Bel, à qui il a transmis le goût et les exigences du métier d'affineur. Devant le succès grandissant de la fromagerie, les deux frères transfèrent l'entreprise à Lons-le-Saunier, qui va devenir sous leur impulsion un haut-lieu du fromage du Jura. En 1908, à l'âge de

trente ans, Léon Bel reprend seul les rênes de l'entreprise familiale, sous l'enseigne de Maison Léon Bel, gruyères en gros. Pourtant, à des kilomètres de ces calmes prairies jurassiennes grondent les rumeurs de la Grande Guerre, qui va projeter des milliers de jeunes Français dans la tourmente des tranchées.

Le 1er août 1914, à 16 heures, tous les clochers de France sonnent le tocsin pour annoncer l'ordre de mobilisation générale. Le 7 août 1914, Léon Bel est obligé de quitter sa fromagerie pour rejoindre son unité d'affectation, le 7e escadron du train des équipages militaires-auto.

Le rire d'une vache au secours du moral des troupes

Trois ans après le début de la guerre, le conflit s'enlise dans une guerre de position qui use les soldats. Le moral des troupes françaises est au plus bas et le temps est à la mutinerie. Pour lutter contre ce découragement, la propagande est utilisée pour la première fois à grande échelle. Dans les premiers mois de 1917, un grand concours de dessin est lancé pour doter chaque unité militaire d'un emblème spécifique. Pour la section de ravitaillement en viande fraîche B70 dans laquelle se trouve Léon Bel, c'est Benjamin Rabier, le futur père du *Canard Gédéon* (créé en 1923), qui a la charge de trouver une mascotte pour les trains.

Pour représenter le ravitaillement avec une touche d'humour, Benjamin Rabier dessine la tête d'un bœuf goguenard. Cet étrange animal au rire plus qu'humain conquiert d'emblée le cœur des soldats.

au camp anglais —
five o'clock thé —
5 avril 1916.

37

Dessin à l'encre de Chine de Benjamin Rabier représentant une tête de bœuf de couleur brune.

Les hommes de l'unité B70 du ravitaillement en viande fraîche.
On reconnaît en arrière-plan le dessin du bœuf de Benjamin Rabier.

Benjamin Rabier (1864-1939)

Benjamin Rabier
à sa table à dessin.

À la fois auteur et illustrateur, Benjamin Rabier a publié près de 250 albums illustrés, en français ainsi qu'en anglais.

Titulaire du prix du dessin de la Ville de Paris en 1877 (à l'âge de treize ans), il est obligé de tourner le dos à l'École des beaux-arts et doit très vite gagner sa vie.
Ce qui ne l'empêche par pour autant de continuer à dessiner. En 1890, alors qu'il occupe la fonction de comptable aux halles de Paris, il commence, grâce à l'appui du célèbre caricaturiste Caran d'Arche, à publier ses dessins (*La Chronique Amusante*, *Gil Blas Illustré*), d'abord en France puis en Grande-Bretagne et aux États-Unis où il a plus de succès. Connu pour ses dessins animaliers humoristiques, il est publié régulièrement dans *Le Rire* et *Pêle-Mêle*.

Benjamin Rabier écrira en collaboration avec Fred Isly ses premiers albums, dont notamment *Tintin Lutin* (titre dont Hergé s'inspira quelques années plus tard) qui marquera le début d'une très longue et foisonnante création de livres destinés aux enfants. Viennent ensuite les albums publiés par J. Rueff et Jules Tallandier, éditeurs de presse, puis les premiers recueils des dessins parus dans les journaux, notamment chez Garnier.

Avec la parution des Fables de La Fontaine en 1906 – un travail colossal d'illustration des deux cent quarante fables, en autant de compositions de quatre à six images –

Benjamin Rabier s'affirme définitivement comme un maître du dessin animalier, reconnu par ses pairs et successeurs. Fort de son succès, il publie un journal, *Histoire comique et Naturelle des Animaux* (1907-1908). En dépit de sa réussite, il gardera jusqu'en 1910 son travail aux halles. Autre tour de force, Benjamin Rabier illustre le Buffon en 1913.

Les ouvrages s'enchaîneront d'année en année. Succès considérable des *Aventures de Gédéon*, longue série de seize albums démarrée en 1923 et dont le dernier titre sera publié en 1939, collections plus enfantines, livres de première lecture, recueils de contes... Dans le même temps, il s'essaye à la publicité. Il dessine ainsi, en 1915, une affiche pour la Défense nationale ! De nombreuses marques célèbres auront ensuite recours à son talent pour se faire aimer du public : Poulain, Lu, la Biscuiterie Nantaise, Maggi, Pétrole Hahn, les Phosphatines Fallières (1904), Ricqlès, les chaussures Raoul, les grands magasins du Louvre, du Printemps (1904) et du Bon Marché... On dénombre plus de 2 000 dessins non publicitaires à l'origine et utilisés par différentes marques, et plus de 70 dessins créés spécialement pour elles. Ses deux logos les plus connus restent La vache qui rit et le sel La Baleine. Il décède en 1939, laissant derrière lui un monde magique d'animaux hauts en couleur, d'enfants drôles et d'adultes maladroits et naïfs. Passionné par son métier, il n'employait pas son humour à ne faire rire que des vaches !

« Mon métier est plus difficile à exercer qu'on ne croit. Dessiner des bêtes, c'est l'enfance de l'art ; leur donner une expression triste ou joviale, tout est là. Or, si l'on peut dresser un chien à faire le beau, à sauter dans un cerceau ou à traîner une petite voiture, il faut une patience à nulle autre pareille pour le faire rire ou pleurer. Passe encore pour le chien, mais faire rire une vache ! J'ai passé des nuits blanches pour y arriver. J'avais loué à mon laitier une vache et son veau. J'entrepris de suite le veau, pensant qu'il serait plus sensible, étant plus jeune. Eh bien, pas du tout ! C'est la mère qui s'est mise à rire la première, heureuse de me voir jouer avec son enfant... »

Le renouveau et le vrai baptême de La vache qui rit

Démobilisé en 1919, Léon Bel rentre à Lons-le-Saunier, mais malgré la direction intérimaire de son frère, tout est à refaire. La mobilisation générale de tous les hommes valides et la réquisition de l'entreprise Bel au profit de l'intendance militaire ont laissé la fromagerie exsangue. Léon Bel retrousse ses manches et décide de miser sur l'invention d'un nouveau fromage moderne et original. Il se tourne vers la Suisse, à la pointe de l'innovation fromagère. En effet, dès 1907, les Suisses, peut-être inspirés par la fondue, avaient mis au point une technique industrielle de fonte des fromages. C'est la société Gerber qui ouvre le bal en 1911 en commercialisant pour la première fois un fromage fondu à base d'emmental grâce au procédé de fabrication élaboré par Walter Gerber et Fritz Stetter. En 1917, la famille Graff installe à Dole une fromagerie utilisant cette technique de fabrication. Le fromage, fabriqué à partir de meules de gruyère découpées et malaxées à haute température, avait un goût excellent, était économique, se conservait très bien et supportait de longs transports, coulé dans des boîtes métalliques.

Tout de suite, Léon Bel comprend le grand potentiel de cette nouvelle technique de fabrication et l'intérêt du fromage qui en découle. Il est l'un des premiers industriels fromagers à oser le pari du fromage fondu et de la modernité en s'appuyant sur le savoir-faire d'Emil Graf. En 1919, il lance le « Fromage Monsieur, fromage moderne », l'ancêtre direct de La vache qui rit. Conscient de l'ambiguïté de cette appellation, Léon Bel cherche un nom propre à conquérir les foules.

La marque « La vache qui rit » est déposée le 16 avril 1921, et l'aventure commence. Sa création constitue une véritable innovation dans le domaine commercial car il n'y a eu jusqu'alors sur le marché aucun précédent connu. Une étude de l'Institut national de la propriété intellectuelle a d'ailleurs démontré que La vache qui rit est la première marque de fromage véritablement

Fabrication, diffusion et promotion d'un fromage déjà « moderne » !

originale. À l'époque, bien peu croyaient à ce genre de nom : 99 % des marques étaient constituées de la seule raison sociale du fabricant et le dessin qui ornait les étiquettes avait peu d'importance. Pour répondre à la demande sans cesse grandissante, Léon Bel automatise au maximum le processus de fabrication du fromage fondu. En 1924, il introduit dans son usine d'immenses pétrins de

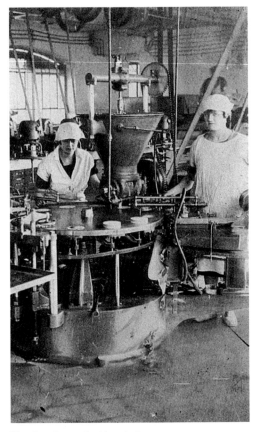

L' usine de production de Lons dans les années trente.

fonte et des machines à portions.

En 1926, pour accélérer l'industrialisation de la fabrication, il décide d'acheter à Lons-le-Saunier des terrains, fait bâtir une usine ultra-moderne capable de fondre 20 tonnes de fromages par jour.

La fabrication
du fromage fondu

Pour faire chez vous des Vaches qui rient aux éclats et épater vos invités :

Prenez de belles vaches aux pis gonflés de bon lait. Transformez vite fait le lait en fromage, ou confiez plutôt cette partie à un professionnel parce que l'affinage est affaire de patience. Vous êtes maintenant en possession de belles meules de fromages jeunes et affinés (par exemple, du comté, de l'emmental ou du cheddar). Toute la réussite de la recette tient à la qualité des fromages choisis.

C'est maintenant que le travail physique commence : prenez votre meule dans votre main gauche (un entraînement sportif préalable est fortement conseillé), et de votre main droite, retirez la croûte, découpez et broyez.

Après un repos bien mérité, partez faire le tour des fermes environnantes pour récolter du bon lait, du beurre bien tendre... Petite astuce du chef : pour une texture fondante,

ajoutez des sels. Attention, pas des sels marins mais des sels de fonte, qu'on retrouve notamment dans le vin blanc et qui participent du secret d'une fondue réussie. Pour cette partie technique, prenez votre encyclopédie et apprenez pour votre culture générale que ces sels ont été découverts en 1929 et ont permis l'essor des fromages à tartiner.

Mélangez le tout vigoureusement dans des malaxeurs en inox et faites cuire à 90-95 °C dans un cuiseur. Stérilisez le mélange en quelques secondes à ultra-haute température (attention : vous risquez d'avoir du mal à trouver ce matériel dans votre quincaillerie !). Pour finir, épaississez la pâte en la brassant (crémage).

Dernière étape : le conditionnement. Découpez des polygones complexes dans votre rouleau d'aluminium et montez-les en volume. Pensez à prévoir une lanière pour faire le tircel (la petite languette rouge...), accessoire indispensable d'une vraie Vache qui rit. En évitant de vous brûler, coulez la pâte de fromage onctueuse dans ces coquilles d'aluminium. Pour la présentation, fabriquez une boîte en carton à l'effigie de la vache rouge (l'imitation sera forcément imparfaite, mais c'est normal).

Voilà, c'est prêt, mais personne ne vous en voudra de courir chez votre fromager et de substituer à votre préparation des vraies La vache qui rit, car finalement la recette de La vache qui rit est inimitable !

La star aux mille visages

De sa création à sa renommée planétaire actuelle, La vache qui rit a vu son image maintes fois modifiée sans jamais perdre son incroyable sourire. Elle a su garder une identité visuelle claire et conserver son originalité.

Demandez à tout adepte de La vache qui rit de vous décrire la célèbre marque, il vous répondra ausitôt « une vache rouge hilare avec des boucles d'oreilles en forme de boîte de La vache qui rit ».

Et pourtant, au fil des campagnes publicitaires, la célèbre vache s'est montrée sous toutes ses coutures : debout, à bicyclette, en jeans, en robe de soirée…

La première étiquette – de forme circulaire comme la boîte contenant le fromage – fut réalisée à la demande de Léon Bel par la maison Ramboz de Lyon. Elle représentait de manière très classique une vache en pied derrière une barrière, arborant une expression hilare dans un décor champêtre. Placée diamétralement, une large bande noire, comme une planche de bois entre deux poteaux, faisait ressortir la marque La vache qui rit en lettres capitales blanches.

La vache qui rit en métal.

Outre le nom de Léon Bel et de Lons-le-Saunier apparaissait sur le pourtour de l'étiquette la mention « Fromage extra fin sans croûte » en cinq langues et l'appellation initiale de « Fromage Monsieur, fromage moderne ». Sur les premières étiquettes, une vache blanche affirmait : « Il n'est rien de donner son lait quand on le sait bien employé ». Des mentions, originales pour l'époque, vantaient la qualité et la nouveauté du produit sur les boîtes. Grâce à cette publicité, il se vendit, dès la première année 12 000 boîtes de La vache qui rit.

À la demande de Léon Bel, la vache devint rapidement rouge, gagnant ainsi un petit zeste d'originalité supplémentaire. Le mufle plus clair contrastant avec la couleur de la vache créait de la profondeur, donnant l'impression que le museau sortait de la boîte en trois dimensions. Très rapidement, ce nouveau fromage conquit les consommateurs. Occultant les autres mentions, ceux-ci l'appelèrent du seul nom de « La vache qui rit ». Avec ses sonorités joyeuses de « i » et de « a », ce nom avait le mérite d'être facile à mémoriser. Un nom rigolo pour une vache rieuse. Il se démarquait par son originalité (s'était-on demandé auparavant si une vache pouvait

1921

rire ?), et la modernité de son approche lui donnait la force d'une vraie marque. Pour rendre l'illustration plus attractive, Léon Bel allège le texte et transforme la barrière sombre en bande blanche éclatante faisant ressortir de façon contrastée l'appellation La vache qui rit. Ces améliorations ne lui paraissent pas suffisantes et il décide de renouveler complètement l'étiquette en faisant appel à de nouveaux illustrateurs et à de nombreux éditeurs-imprimeurs d'affiche. Le cahier des charges du concours est simple : présenter une vache qui « tout en ayant l'expression du rire, n'en reste pas moins une vache ».

Ils virent passer quantité de dessins reproduisant de véritables bêtes de l'Apocalypse.

Le projet que lui fait parvenir dans ce cadre Benjamin Rabier lui semble le plus prometteur, mais il faudra un peu plus de un an pour que ce dessin devienne l'effigie définitive de La vache qui rit.

1925

Le dessin de Benjamin Rabier, tout en restant excessivement proche du dessin initial, tronque la vache pour lui préférer la tête seule, ce qui fait disparaître les pis et leur suggestion implicite du bon lait. Une fois sa décision mûrement réfléchie, Léon Bel demande

à la prestigieuse imprimerie Vercasson d'imprimer le dessin de Benjamin Rabier en y introduisant deux modifications notables, acceptées par l'illustrateur :

★ remplacer le brun du dessin de la vache par la couleur rouge, pour faciliter la transition dans l'esprit des consommateurs ;

★ féminiser la vache en la parant de boucles d'oreilles elles-mêmes constituées… de boîtes de La vache qui rit, dans lesquelles on voit la vache elle-même portant des boucles d'oreilles, etc.

Ce dernier trait de génie est l'ingrédient graphique qui va propulser la vache au devant de la scène médiatique en en faisant une véritable pin-up, star des médias. Ces boucles d'oreilles, répétant à l'infini l'étiquette du fromage, ont usé les yeux de générations d'enfants à la recherche de la plus petite La vache qui rit visible ! Telles les poupées russes, La vache qui rit devient l'illustration parfaite de la mise en abyme.

Ce procédé artistique consiste à représenter une œuvre à l'intérieur même d'une œuvre du même type : un tableau dans un tableau, un personnage de roman écrit un roman qui s'insère dans le roman que lit le lecteur… On peut trouver ce principe aussi bien dans des œuvres littéraires que cinématographiques ou picturales (le tableau de Jan Van Eyck, *Les Époux Arnolfini* posant devant un miroir qui les reflète à l'intérieur du tableau, *Les Ménines* de Vélasquez…).
Comme le soulignait l'académicien Pierre Moinot : « Les pendants d'oreilles de La vache qui rit, se répétant sans limites, nous donnaient la première idée de l'infini. »

Ce dessin va devenir l'emblème incontestable de la marque. Trois caractéristiques majeures font son originalité :

★ c'est une vache rouge vif – couleur inexistante dans la nature – au museau clair donnant une impression de relief ;

★ arborant une expression rieuse propre à l'être humain ;

★ parée d'ornements féminins, des boucles d'oreilles recréant l'image de la vache à l'infini.

Après la Seconde Guerre mondiale, la signature de Rabier disparaît, mais la tête rieuse demeure. Elle est désormais isolée dans un triangle représentant le « V » de la victoire et se détache sur un paysage plus stylisé.
En 1955, des bandes blanches et bleues sont dessinées

1949 **1955**

sur les pourtours des boucles d'oreilles et le contour
de la tête est légèrement arrondi. Le paysage disparaît
provisoirement et l'animal fétiche quitte son triangle pour
se glisser dans un dessin représentant un écusson doré
couronné de quatre étoiles. En 1968, l'écusson doré
demeure et l'on procède cette fois à un adoucissement
général des traits. Les cornes sont émoussées, le nez
s'arrondit et devient complètement blanc, les yeux sont

1969

1971

plus ouverts. En 1969, la tête de vache est insérée dans une cloche dorée. En 1971, elle subit un nouveau lifting : ses cornes sont encore raccourcies au point de paraître totalement inoffensives. La cloche s'est transformée en un triangle occupant toute la surface de l'étiquette.

Le dessin est toujours décoré de nos fameuses quatre étoiles. Mais la célébrité de la marque recèle le danger permanent d'entraîner une banalisation de son image.

1972 **1985**

Il faut donc sans cesse penser à la réactualiser. Le triangle cède sa place à un cercle. Deux ans plus tard, le cercle disparaît à son tour, ne laissant plus qu'un fond bleu. Alors que jusqu'ici seule la boucle d'oreille gauche reproduisait la face d'une boîte de La vache qui rit, désormais les deux boucles sont des couvercles vus de face. Dans les années 1980, elle retrouve son paysage dans des teintes plus colorées.

En août 2006, dans un souci de renouvellement, un nouvel emballage a été créé qui, tout de suite, a été plébiscité par les consommateurs. La tête de la vache, traitée en trois dimensions, la rend plus moderne, plus vivante et plus proche de ses consommateurs. La chaleureuse vache prend la parole pour affirmer que c'est « tendrement bon ».

La vague de lait sur laquelle s'inscrit ce message évoque les qualités nutritives et gustatives du fromage. Tout est là pour faire saliver le gourmand.

Mais aussi pour l'informer de manière ludique : preuve en est la banderole de la boîte qui alterne propos chaleureux de la vache et informations nutritionnelles. Des intercalaires « recettes » à base de La vache qui rit viennent aussi enrichir ces nouvelles boîtes.

Les contrefaçons

Comme toute marque prestigieuse, La vache qui rit a été la cible de nombreuses contrefaçons et imitations grossières. Interpellés par le succès de la marque et comprenant l'intérêt de personnaliser une image pour susciter la prédilection du consommateur, de nombreux fromagers tentèrent d'imiter la vache rouge. On vit fleurir alors des fromages aux appellations étonnantes reprenant l'image de la vache : Le veau qui pleure, La vache bleue (rachetée par Bel en 1954), La vache verte (rachetée par Bel en 1957), La vache qui lit, La vache qui rêve, La vache heureuse, La vache curieuse, La vache dorée, La bonne vache, La vache coquette, La vache moderne, La vache savante, La vache qui rue… Le créneau animalier semblant porteur, on trouve aussi d'autres animaux à qui les publicitaires tentent de donner un air rieur : une chèvre qui rit, un singe qui rit, l'agneau

FROMAGE
POUR TARTINE
FABRIQUÉE
DANS LE JURA
MATIÈRES 40%
GRASSES
NET: 170G⁵

LA VACHE HEUREUSE

qui bêle, le singe qui lit, le chat qui sourit… Nombreuses
aussi sont les imitations à l'étranger, reprenant le même
nom ou le même conditionnement détourné.
Pendant longtemps, pour préserver la marque et pour
la protéger des contrefaçons, la stratégie de Bel a été
d'acheter tous les noms trop proches et de déposer
par avance toutes les noms de marques farfelus qui
pourraient attenter à l'image de la vache jurassienne.

Trois querelles juridiques majeures ont marqué les fromages Bel : celle avec l'imprimeur Vercasson, qui réclama la propriété intellectuelle de la couleur rouge en déposant le dessin sous le nom de « Vache rouge » (idée initiale de Léon Bel), le dessin du camembert Saint-Hubert commandé à Benjamin Rabier antérieurement et présentant des similarités avec La vache qui rit ; et surtout l'affaire de La vache sérieuse.

Cette dernière affaire opposa une dizaine d'années durant l'entreprise Bel et la société Grosjean. L'étiquette de La vache sérieuse créée en 1926 par la société Grosjean mettait initialement en avant une tête de vache affublée de lunettes qui lui donnait un air sérieux. Elle semble avoir été créée pour établir une confusion entre les marques, et plus encore pour s'attribuer à elle seule le sérieux du produit. Il y a donc clairement vol d'image et dénigrement.

Non seulement
la société Grosjean
bénéficie du capital
d'image de La vache qui rit,
mais encore elle laisse entendre,
par son nom même, sa supériorité qualitative. Au terme
de longs débats juridiques, la décision de la justice est
rendue en 1959 : La vache qui rit sort victorieuse et la
société Grosjean est sommée de retirer sa marque.

Je suis rouge, je ris,
j'ai des boucles d'oreilles.

Qui suis-je ?

La vache qui communique

Tout était d'ores et déjà réuni pour faire de ce fromage de qualité un succès commercial. Mais au-delà de ses qualités gustatives, la réussite mondiale de La vache qui rit tient en grande partie à la stratégie publicitaire d'avant-garde qui fut mise en œuvre.

La vache qui rit fut l'une des premières marques commerciales françaises à utiliser la publicité, en un temps où l'on pratiquait plutôt la réclame à petite échelle. Dès 1926, soit cinq ans seulement après avoir déposé sa marque, Léon Bel fait figure de pionnier en créant au sein même de son entreprise un service de publicité doté de crédits importants, chargé de créer affiches, plaques émaillées et présentoirs de vente. Il suit méticuleusement l'opinion des consommateurs par le biais d'enquêtes de terrain et s'adapte aux demandes du public.

Au fil des campagnes publicitaires, différentes qualités de la marque seront mises en avant. On vante les qualités du fromage à tartiner et des produits qui permettent

les meilleurs *Gruyères*

Emmenthals et Comtés

portent la marque

LA VACHE QUI RIT

de l'élaborer, avec des slogans tels que « Voici toutes les bonnes choses qui font de La vache qui rit un bon fromage », « Merci à toutes ces bonnes choses de m'avoir faite ce que je suis », « Voici l'origine de l'expression vachement bon », « Calcium x 2 + Vitamine D. Des os plus forts pour mieux grandir ! », « Les Vachequiriphiles ont la sagesse de se faire une santé en se régalant »…

Les mères des gourmands en culottes courtes, conquises par ses qualités nutritionnelles, apprécient aussi son aspect économique. Comme le rappelle la publicité, c'est une marque qui reste accessible à tous les porte-monnaie : « Meilleure, oui !!! Plus chère, non. Exigez la crème Vache qui rit. Sa supériorité de poids et de qualité vous économise jusqu'à 12 % ».

Les publicités de la marque véhiculent aussi un nouveau style d'alimentation, adapté à une vie plus mobile et propice au grignotage : « La vache qui rit, c'est bon à toute heure du jour et de la nuit », « Le fromage qui vous suit partout »… De campagne en campagne, plus que tous les arguments de vente chers à la réclame, c'est la personnalité de la vache elle-même qui séduit les foules. Elle s'est invitée dans notre imaginaire comme sur nos tables, une héroïne de notre âge tendre, comme le soulignent certaines affiches : « Pour le goûter, pour le dessert, La vache qui rit est l'amie des enfants », « Il était une fois un bon fromage qui était aussi un ami des enfants »…

Pour mettre en valeur toutes ces qualités, l'image de La vache qui rit a été déclinée sur tous les supports publicitaires, multitude d'objets dérivés, affiches, émissions de radio, spots de télévision.
Même le cinéma a promu la star bovine !

Les objets dérivés

Léon Bel est parmi les premiers en France à développer une stratégie moderne de communication et multiplie les démarches vers le grand public.

La publicité par l'objet s'impose à une époque où peu de médias permettent de toucher durablement les consommateurs. Grâce à la qualité des objets dérivés, La vache qui rit est visible dans les boutiques, puis s'installe dans les salons et les cartables autant que dans les habitudes alimentaires.

Exemplaires de cette démarche, les premiers timbres et buvards publicitaires La vache qui rit sont plébiscités. En 1929, La vache qui rit est présente sur les flammes publicitaires des timbres poste. Deux séries sont réalisées : « Jeanne d'Arc » et « La Semeuse ».

CAHIER D'HISTOIRE

appartenant à _____

_____

OFFERT PAR *la vache qui rit*
LA CÉLÈBRE CRÉATION DES FROMAGERIES *Bel*

LA VACHE QUI RIT
BONBEL
PETIT BONBEL
BELEDAM

BABYBEL
DAUPHINOIS
BEURRE BEL
GRUYÈRE BEL

les fromages des fromageries Bel sont rudement bons...

DE MAGNIFIQUES COLLECTIONS DE BUVARDS

Chaque boîte de VACHE QUI RIT contient un bon pour un BUVARD.
Lorsque vous en aurez dix, vous pourrez choisir une collection parmi les suivantes :

- "LES MÉTIERS", illustrés en couleurs par HERVÉ BAILLE.
- "LE CIRQUE", illustré en couleurs par Alain ST-OGAN.
- "LES DÉCOUVERTES", illustrées en couleurs par Luc-Marie BAYLE.
  D'autres collections suivront.

Les buvards La vache qui rit, essentiels à l'époque
des portes-plumes.

Le plus ancien plâtre représentant La vache qui rit date des années 30. Il possède deux trous aux oreilles pour placer directement les boîtes. Des bustes de la vache, ancêtres de la publicité sur le lieu de vente (PLV), viennent orner les devantures des épiceries.

Les plaques émaillées, très recherchées aujourd'hui par les collectionneurs, apparaissent dès 1926, et ce jusqu'en 1960. Rapidement l'illustration de La vache qui rit est apposée sur des objets du quotidien : verres, assiettes, tasses, pendules, casquettes, masques et couronnes en carton, mouchoirs, timbres, puzzles, thermomètres, véhicules en modèles réduits…

Ce «personnage»
de Benjamin Rabier
est animé par
les fromageries BEL.
créatrices de la célèbre
"VACHE QUI RIT"
Mettez-le dans
VOTRE ALBUM
Publicité Chavane - Paris
Création Volumétrie

Ce «personnage»
de Benjamin Rabier
est animé par
les fromageries BEL.
créatrices de la célèbre
"VACHE QUI RIT"
Mettez-le dans
VOTRE ALBUM
Publicité Chavane - Paris
Création Volumétrie

Il n'y pas que la Joconde
pour vous suivre des yeux !

La marque entre ainsi dans tous les foyers et son sourire chaleureux devient une image incontournable du paysage français.

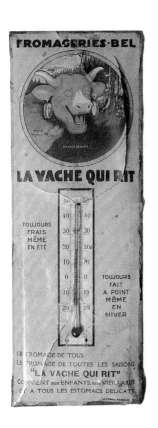

FROMAGERIES·BEL

LA VACHE QUI RIT

TOUJOURS
FRAIS
MÊME
EN ÉTÉ

TOUJOURS
FAIT
A POINT
MÊME
EN
HIVER

LE FROMAGE DE TOUS
LE FROMAGE DE TOUTES LES SAISONS
"LA VACHE QUI RIT"
CONVIENT aux ENFANTS, aux VIEILLARDS
ET A TOUS LES ESTOMACS DÉLICATS

Cette tradition de l'objet perdure aujourd'hui sur Internet sous les couleurs de La vache qui rit Design. Les amateurs de la vache rouge ont l'embarras du choix dans une ligne de vêtements et d'accessoires au graphisme contemporain : t-shirts, casquettes, mugs…

Quelques accessoires
de la collection
La vache qui rit Design…
www.lavachequirit.com

Outre les objets publicitaires, la marque a aussi créé des centaines d'objets offerts aux enfants. Dès 1925, les Fromageries Bel proposent aux écoliers des buvards et des protège-cahiers aux couleurs de La vache qui rit sur des thèmes variés : le cirque, les grandes découvertes…

En 1929, des images sont offertes dans les boîtes. Il s'agit de séries de douze images à coller dans des albums sur des sujets tels que le sport, les cathédrales, les vedettes…

Ces vignettes rassemblées permettaient d'obtenir un cadeau auprès d'un crémier ou des fromageries Bel.

Au fil du temps, les images évoluent avec l'actualité des enfants, s'associant à des licences de films, de dessins animés, à des évé-nements sportifs... De nombreux cadeaux sont aussi offerts en échange de points collectés dans les boîtes : des dizaines de modèles de pin's (dont le plus beau est signé Yann Arthus-Bertrand), des porte-clés, des CD, des jeux de société, des mini radios, des albums illustrés (dont les célèbres albums de Saint-Ogan), des bandes dessinées (entre autres, un Gaston Lagaffe qui rit en 1985)...

La marque séduit aussi le consommateur adulte en organisant des grands concours dans les années trente où il est possible de gagner des voitures Peugeot et d'autres lots moins importants, comme des radios ou des services de table.

Les affiches à travers le siècle

La plus ancienne affiche est celle signée Benjamin Rabier et imprimée par Vercasson en 1923. Par la suite, des milliers d'affiches rivalisant d'originalité vont porter l'image de la vache de par le monde. De nombreux illustrateurs et affichistes vont mettre leur crayon au service de la vache rouge et de ses formes généreuses.

Après la Seconde Guerre mondiale, Robert Fiévet, gendre de Léon Bel, décide de renouveler la stratégie de communication en faisant appel à des agences de publicité extérieures. Dans les années 1950, Hervé Morvan dessine plusieurs affiches, relayé en 1955 par Hervé Baille. La multiplication de supports promotionnels de 1930 à 1950 et la valorisation de la marque sur des événements culturels, commerciaux et sportifs, accroît sa renommée nationale et internationale.

BEL et BON

SUPÉRIEURE
EN POIDS ET QUALITÉ
LA VACHE QUI RIT
EST LA CRÈME DE GRUYÈRE DE LUXE

MADAME, N'AVEZ-VOUS RIEN OUBLIÉ?
DANS CETTE BONNE MAISON,
IL Y A LES BONS FROMAGES DE...

La vache qui rit

LA CÉLÈBRE CRÉATION DES FROMAGERIES

Le logo caractéristique de la vache rieuse parée de boucles d'oreilles est désormais connu de tous.

Dans les années 1960 pourtant, l'entreprise décide de développer une nouvelle politique de communication visant à élargir encore le marché et à informer le public sur les qualités nutritives du fromage. Pour répondre aux interrogations des consommateurs sur la recette du produit, une affiche d'Hervé Morvan en 1961 transmet l'image d'un produit sain, dont les ingrédients naturels peuvent être dévoilés : « La vache qui rit, c'est du lait…du beurre et du bon fromage ». On mise sur le concept d'énergie du fromage avec ce slogan « La vache qui rit stimule votre énergie ». Utilisant beaucoup la photographie, ces campagnes publicitaires éclipsent peu à peu la tête de la vache, qui devient un simple écusson sur le bord des affiches.

"La vache qui rit" - marque déposée · "La meule qui lit" - photo étiquette · COMFORT PUB. V 358 · R2

Pouvez-vous énumérer ces 5 produits ?...
ils entrent tous dans la préparation
de La vache qui rit*!

Regardez la photo ci-dessus : elle présente les beaux et bons produits qui entrent dans la préparation de La vache qui rit. Mais oui, tous ces produits sont nécessaires pour vous préparer La vache qui rit. Vous comprenez mieux, maintenant, pourquoi elle est aussi savoureuse ! Mais au fait, êtes-vous capable de donner le nom de chacun de ces 5 produits ?

Vous reconnaissez bien sûr le lait, le beurre, le gruyère, mais savez-vous comment s'appelle, par exemple, le nº 4 ? C'est l'édam... et le nº 5 ? Vous ne trouvez pas ? C'est la fameuse mimolette... fromage qui demande des mois d'affinage en cave.

Comme vous le constatez, il n'y a dans La vache qui rit que de savoureux produits, et rien ne ressemble à La vache qui rit, car c'est une spécialité.

FROMAGE POUR TARTINES · POIDS NET 170 GRAMMES · **la vache qui rit** · DE MATIÈRE **50%** GRASSE

OUI, TOUS CES SAVOUREUX PRODUITS SERVENT A PRÉPARER LA VACHE QUI RIT ! VOUS NE POUVEZ PAS IMAGINER UN FROMAGE PLUS FIN !

Mais les consommateurs ne s'y retrouvent pas ; ils veulent voir la vache rouge au rire chaleureux. C'est dans les années 1970, avec les affiches de l'agence Norman, Craig et Kummel que s'opère le grand retour de la star des prés sur le devant de la scène. Ils décident de la représenter en pied, dans des situations de la vie quotidienne, en cuisine comme sur la route, en tablier campagnard comme en robe de soirée.

On crée même le terme de « vachequiriphiles » pour vanter son optimisme contagieux.

Cette personnification du produit se poursuit jusqu'à ce jour avec des affiches aux slogans amusants : « Ah, les vaches ! » (1986), « Sacrée Vache qui rit », « La vache qui rit, le fromage qui mérite sa célébrité », « J'ai les oreilles décollées et un gros nez mais je garde le sourire » (2001), « Je suis rouge, je ris, j'ai des boucles d'oreilles. Qui suis-je ? »…

1974. IL SE CONFIRME QUE LES CHOSES SIMPLES PEUVENT ETRE BONNES.

 LA VACHE QUI RIT. LE FROMAGE QUI MERITE SA CELEBRITE.

Ne te retourne pas,
on rigole dans notre dos.

La première qui rit,
reçoit une tapette.

Mais où j'ai mis cette tartine?

IL N'Y A PAS D'ÂGE

POUR LUI

TIRER LA

LANGUE,

Sacrée Vache qui rit !

IL Y A DES SOURIRES
QU'ON
AFFICHE
TOUTE
LA VIE,

Sacrée Vache qui rit !

IL Y A DES CHOSES TELLEMENT CELEBRES QU'ON OUBLIE POURQUOI ELLES SONT CELEBRES.

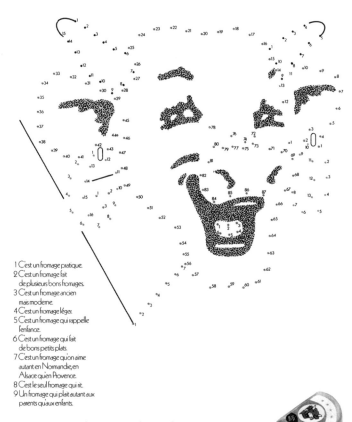

1 C'est un fromage pratique.
2 C'est un fromage fait
  de plusieurs bons fromages.
3 C'est un fromage ancien
  mais moderne.
4 C'est un fromage léger.
5 C'est un fromage qui rappelle
  l'enfance.
6 C'est un fromage qui fait
  de bons petits plats.
7 C'est un fromage qu'on aime
  autant en Normandie, en
  Alsace qu'en Provence.
8 C'est le seul fromage qui rit.
9 Un fromage qui plaît autant aux
  parents qu'aux enfants.

LA VACHE QUI RIT. LE FROMAGE QUI MERITE SA CELEBRITE.

Ah les vaches!

Sacrée vache qui rit !

"C'est elle, mes papilles ne me trompent jamais."

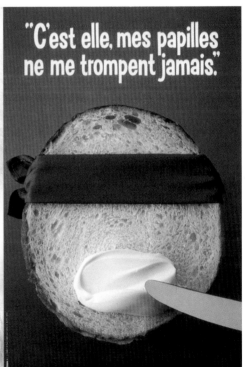

J'ai les oreilles décollées et un gros nez
mais je garde le sourire.

La vache qui rit et les médias

Toujours solidaire de son temps, La vache qui rit a su pour se faire connaître utiliser les différents médias : presse, radio, télévision, cinéma, Internet. Au cours des Trente Glorieuses, l'augmentation générale du niveau de vie permet aux Français de s'équiper largement en postes récepteurs, faisant de la radio un moyen de communication de masse très populaire.

En 1948, deux millions de postes sont vendus soit deux fois plus qu'en 1938. Les émissions patronnées, où slogans publicitaires et programmes sont étroitement associés, se généralisent. Ainsi, Saint-Ogan, dès 1954, présente sur Radio Luxembourg tous les jeudis après-midi une émission à destination des enfants, « La vache qui rit au pays des animaux ».

Radio Luxembourg diffuse aussi les « Mots croisés de La vache qui rit ». Dès les années 1950, la marque commence à s'intéresser aux médias émergents. Après la radio, c'est le petit et le grand écran qui vont mettre à l'honneur la grande star du fromage.

La vache qui rit fait sa première apparition au cinéma en 1950. Les films publicitaires sont alors projetés dans les salles de cinéma. Pauline Carton, célèbre actrice de l'époque habituée aux rôles de soubrette, incarne une cuisinière qui vante les mérites de ce fromage révolutionnaire et dévoile sa composition : du bon lait, du beurre et du fromage, elle est « meilleure que jamais ! ».
S'ensuit un deuxième film sur le thème « Le rire est le propre de l'homme ». En 1968, le groupe Bel se lance avec succès dans la pub à la télévision.

La ballerine

« Merci à toutes ces bonnes choses de m'avoir faite ce que je suis ! »

Après une quinzaine d'années dans ce registre de communication, les films publicitaires de la marque abandonnent un discours très centré sur le produit au profit de scènes familiales de dégustation et de partage dont l'esprit reflète le caractère de La vache qui rit : une marque chaleureuse, conviviale, simple, qu'il fait bon partager en famille et en toutes circonstances.

Dans toutes ces campagnes télévisées, l'humour prime. Preuve en est, en 1986, le dessin animé intitulé *Une star du fromage* qui présente une galerie de portraits de vaches mettant en avant, par défaut, les qualités de la « star du fromage » : un véritable casting de vedettes laitières, toutes plus drôles les unes que les autres !

Dans les années 1990, deux valeurs-clefs de La vache qui rit sont au cœur de sa communication : la transmission et le partage.

Ce petit fromage fondu va rassembler toutes les générations dans des messages publicitaires mêlant tendresse et joie de vivre.

Toujours pionnière, la marque a compris rapidement les potentialités de communication offertes par Internet. Ainsi, la campagne « Pourquoi la vache qui rit rit ? » en 2001, élue campagne préférée des Français, donne naissance à un site Internet qui regroupe les réponses les plus drôles et pertinentes.

Mais la saga continue et, en 2007, un nouveau site Internet viendra perpétuer la tradition de modernité de La vache qui rit. Restez connectés !

Le bal

« Oh, quelle soirée… Où est-elle, cette star du fromage ? Oh, tiens, regarde !

… Ce fromage-là, oh non trop typé ! Et celui-là ? Il paraît qu'il sent fort. Et là ?
Trop maigre, pas de quoi en faire un fromage !

Pour qui elle se prend, cette grosse ?

... Oh, la voilà ! Only yoooouuu !

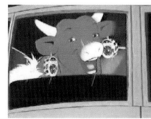

... Sacrée Vache qui rit ! »

Le casting

« ... Difficile de trouver une star du fromage, il ne faut pas être...

... un fromage trop banal...   ...trop fort...   ...trop maigre...

... trop typé...   ... trop lourd !   Pour être un grand nom du fromage...

... et plaire à tout le monde   ... il faut avoir une sacrée personnalité...

Le mécénat sportif et culturel

Dès les années 1930, la marque est présente sur tous les types d'événements, tant commerciaux, culturels que sportifs. Elle se lance très tôt dans le sponsoring sportif, en investissant dans le cyclisme en 1925 avec les « Six jours de Paris ».

Elle est l'une des premières à créer sa caravane promotionnelle sur le célèbre tour français dans les années 30. C'est une grande réussite : à la victoire du Français André Leducq s'ajoute l'enthousiasme du public pour la caravane publicitaire, qui laisse derrière elle un cortège de spectateurs émerveillés, les bras chargés d'échantillons et de gadgets. Cet engouement a un effet boule de neige : l'année suivante, de nouvelles entreprises, désireuses d'accroître leur notoriété, viennent gonfler les rangs de ce cortège de voitures superbement décorées.

Notre boîte ronde La vache qui rit sur les routes de France.

Cet événement sportif devient le théâtre de la première opération de marketing direct.

La vache rouge continue chaque année à y participer, à la rencontre des gourmands à qui elle distribue cadeaux et fromages à déguster.

Dans les années 1980 et 1990, La vache qui rit participe aux émissions de variétés et de jeux en sponsorisant notamment les vachettes d'Intervilles. Sur les mers, La vache qui rit gagne aux côtés du skipper français Kito de Pavant, vainqueur en 2006 de la 8e édition de la Transat AG2R, la course à la voile reliant Concarneau à Saint-Barthélémy.

Le skipper Kito de Pavant et son bateau.

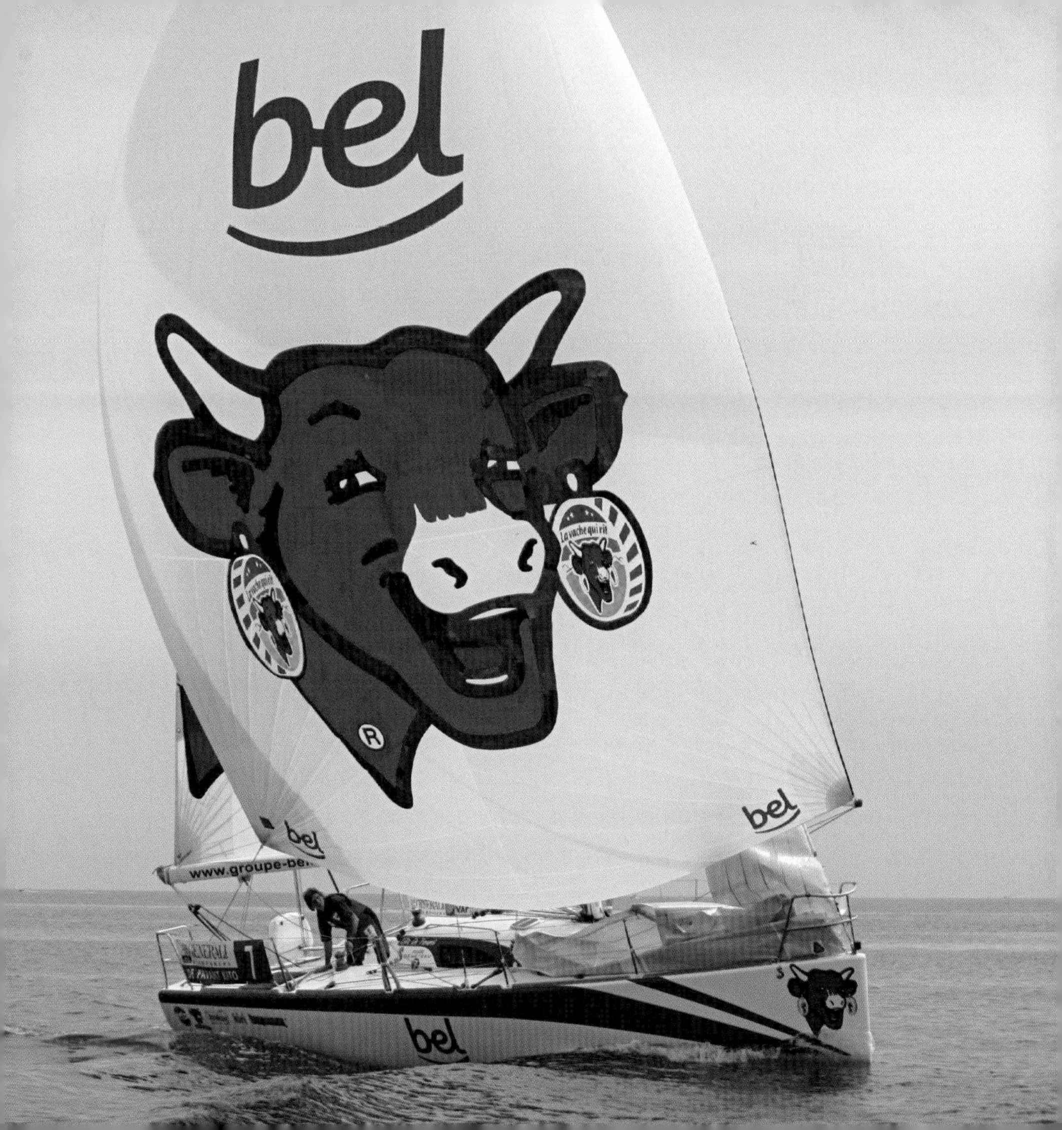
bel
bel
bel
www.groupe-be
bel

Et sur terre, elle est présente aux olympiades grâce à l'athlète Hicham el Guerrouj, double champion olympique à Athènes et ambassadeur de La vache qui rit au Maroc. Elle est aussi partenaire officielle de l'équipe de France de football pour les Coupes du Monde 1998 et 2002, pour l'Euro 2000 et pour la Coupe d'Afrique des Nations. La vache qui rit est devenue une vedette incontestée des médias, illustrant ainsi, à l'instar de quelques autres grandes marques, la capacité de la publicité à créer, à partir d'un produit de consommation courante, un véritable phénomène d'adhésion populaire à l'échelle planétaire. Si tout le monde connaît la célèbre vache française, le débat sur les raisons de son rire reste pourtant ouvert. Après le concours organisé en 2001, les hypothèses continuent à fuser sur les blogs : mais pourquoi rit-elle ? La vache qui rit garde son mystère et semble nous réserver encore de nombreuses surprises.

La maison de La vache qui rit

Pour rendre hommage à La vache qui rit, les Fromageries Bel ont décidé de créer un espace unique qui ouvrira au printemps 2008, pour le plus grand plaisir de tous. Située à Lons-le-Saunier

La représentante de La vache qui rit au festival Vach'Art.

sur le site originel de production de la petite boîte ronde, la maison de La vache qui rit a vocation d'être un véritable lieu de vie et de partage, qui permettra d'entrer pour la première fois dans l'univers de la « star des fromages ». Au milieu d'un parc naturel en plein centre ville, elle invite les visiteurs à découvrir l'histoire de La vache qui rit au travers d'un patrimoine haut en couleurs. Des dizaines de films et d'animations seront proposées aux petits et aux grands sur différents thèmes. De quoi nous replonger dans le monde de La vache qui rit…

Bastien, Soisy-sous-Montmorency (95)

Pourquoi La vache qui rit rit ?

Parce que !

Les meilleures réponses

Pourquoi la vache qui rit, rit ?

Parcequ'on lui chatouille les fesses

avec une plume

chatouille !

quand la fermière
la traitm, elle met
ses gants de plumes :
c'est ce qui la chatouille

1 Nina, Montauban (82)
2 Mathilde
3 Pierrick, Hénin-Beaumont (62)

Ce n'est pas une question à poser ! ②

QUAND ⑦

EN BOÎTE ! ④

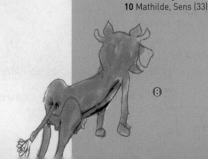

⑨

1 Viviane, Arcachon (33)
2 Pierre-Marie, Vieille-Chapelle (62)
3 Catherine, Hauterive (61)
4 André, Ternay (69)
5 Hugo, S' Brice-sous-Forêt (95)
6 Marion, Nantes (44)
7 Valentine, Langres (52)
8 Justine, Remouille (44)
9 Julie, Aubignes (18)
10 Mathilde, Sens (33)

Parce qu'elle ne sait ⑨ faire que ça !

⑧

LA VACHE QUI RIT
Bonne pâte et bon
vous offre ces fleurs

①

LA VACHE QUI RIT, RIT
PARCE QU'ELLE EST
A LAIT CHANTE
(allèchante)

②

Si elle pleurait,
ce serait bien pis
et vachement fait
Cette explication veau ce qu'elle veau
mais c'est quand même meuh que
rien.

③

Et qu'elle le veau
bien !

④

Pourquoi la vache qui rit rit ?

Parce que la chauve-souris sourit !

⑤

1 Aimé, Saul-Paul-lès-Dax (40)
2 Kevin, Beauvais (60)
3 Céline, Jolinetz (59)
4 Antoine, Cereste (04)
5 Félicie, Paris (75)
4 Bastien et Antoine,
Montmorency (95)

La Joconde
de la tartine

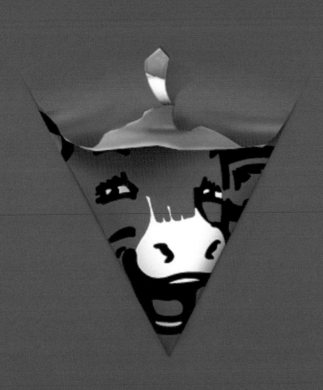

Ses recettes

Conseils d'utilisation

Que ce soit dans un plat froid ou chaud, agrémenter vos recettes traditionnelles de La vache qui rit permet de leur donner une touche originale.

À froid :

Toujours délayer La vache qui rit en la fouettant dans un liquide avant de l'incorporer au mélange final. Détendre au fouet avec une cuillère à soupe d'eau pour obtenir une préparation bien lisse.

Pour faire des cubes ou des dés de La vache qui rit bien nets, sortir La vache qui rit de son emballage et la placer au congélateur quelques minutes, puis couper les morceaux à l'aide d'un couteau froid.

Incorporer La vache qui rit à la préparation au dernier moment afin qu'elle conserve tout son goût. Au contraire, si vous souhaitez atténuer un peu la saveur des portions de La vache qui rit, il vous suffit de l'ajouter à la préparation dès le début de la recette.

À chaud :

Détendre La vache qui rit avant de l'utiliser comme base de sauce, crème…

Elle est idéale avec des viandes rôties : pour cela, la placer quelques minutes au frais pour que les portions se raffermissent et que La vache qui rit cuise de manière harmonieuse avec la viande au four.

La vache qui rit est excellente en accompagnement des produits carnés.

Dessert :

La vache qui rit se mêle avec bonheur aux fruits rouges ou légèrement acidulés.

Elle se mélange également très bien avec les produits laitiers, yaourt, fromage blanc…

 Temps de préparation inférieur à 30 minutes

Recettes quotidiennes

Crème de petits pois rafraîchie, œillets de La vache qui rit

Pour 4 personnes

- ★ 6 portions de La vache qui rit
- ★ 300 g de petits pois surgelés
- ★ 8 tranches fines de coppa
- ★ 1 échalote
- ★ 2 cuillères à soupe d'huile d'olive
- ★ 40 cl d'eau
- ★ Sel, poivre

140

CISELER L'ÉCHALOTE EN PETITS DÉS et les faire revenir dans une casserole avec de l'huile d'olive bien chaude jusqu'à ce qu'ils deviennent transparents. Ajouter les petits pois surgelés et l'eau. À partir de l'ébullition, faire cuire pendant 10 minutes.

MIXER LE MÉLANGE OBTENU et laisser refroidir. Rectifier l'assaisonnement en sel et poivre.

RÉPARTIR 2 PORTIONS de La vache qui rit en petits morceaux dans la soupe et poivrer d'un tour de moulin.

PLACER LES PORTIONS DE LA VACHE QUI RIT restantes chacune sur deux tranches de coppa, comme les pétales d'un œillet.

DANS UNE ASSIETTE CREUSE, servir la crème de petits pois avec, au centre, la fleur de La vache qui rit à la coppa.

Conseil du chef

Cuire les petits pois sans couvercle, pour les garder bien verts. Mixer les petits pois avec un *blender*, plutôt qu'avec un mixeur à légumes. Passer la crème de petits pois cuits à la passoire ou au tamis fin, afin d'enlever les peaux et obtenir une texture plus fine.

Salade de blé à la coriandre, La vache qui rit et citron vert

★ **10 portions de La vache qui rit**

★ 200 g de blé

★ 1 cube de bouillon

★ 1 échalote

★ 1 citron vert

★ 3 branches de coriandre

★ 1 tomate

★ 5 cl d'huile d'olive

★ Sel, poivre

Pour 4 personnes

PORTER 1 DEMI-LITRE D'EAU à ébullition et y plonger la tomate pendant 20 secondes afin de la peler sans difficulté.

À FEU DOUX, PLONGER DANS L'EAU LE BLÉ avec le cube de bouillon. Cuire 10 à 12 minutes, jusqu'à ce que le blé absorbe complètement l'eau. Laisser refroidir.

ÉMINCER L'ÉCHALOTE ET TAILLER LA TOMATE en dés de 5 mm. Hacher grossièrement les feuilles de coriandre. Presser le citron et râper le zeste. Couper les portions de La vache qui rit en gros dés.

DANS UN BOL, PRÉPARER UNE VINAIGRETTE avec l'échalote, le jus de citron et 5 cuillères à soupe d'huile d'olive, du sel et du poivre. Ajouter dans la vinaigrette la tomate, le blé, la coriandre, le zeste de citron et La vache qui rit. Mélanger délicatement et servir dans des coupes bien fraîches.

Conseil du chef

Attention !
Mélanger délicatement la préparation pour ne pas écraser les cubes de La vache qui rit. Il est recommandé de préparer cette recette à l'avance, car cela permet aux ingrédients de diffuser leurs arômes.

Aumônières de crêpes au blé noir à La vache qui rit,
concombre et jambon braisé

★ **6 portions**
de La vache qui rit

Pour 4 personnes

★ 4 crêpes fines au blé noir
(galettes de sarrasin)

★ 2 tranches épaisses
de jambon braisé

★ 1 cuillère à soupe
de pignons de pin

★ 1 concombre

★ 8 brins de ciboulette

★ Sel, poivre

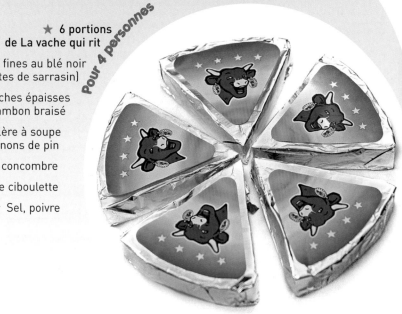

ÉPLUCHER ET COUPER LE CONCOMBRE en deux dans le sens de la longueur. Enlever les pépins et le détailler en dés de 5 mm.

COUPER ÉGALEMENT LE JAMBON en dés de 5 mm.

MÉLANGER LES PORTIONS DE LA VACHE QUI RIT au concombre et au jambon. Faire sauter les pignons à la poêle sans matière grasse et les verser dans la préparation. Poivrer.

ÉTALER LES CRÊPES et déposer au milieu de chacune une part du mélange.

PLONGER LA CIBOULETTE DANS UNE CASSEROLE d'eau bouillante pendant 1 minute, pour l'assouplir.

REPLIER LES CRÊPES EN AUMÔNIÈRES et les tenir fermées en les ficelant avec deux brins de ciboulette.

LES PASSER 30 SECONDES au micro-ondes pour les tiédir avant de servir.

Conseil du chef

Si vous achetez des crêpes toutes faites, les passer préalablement au micro-ondes, une minute durant, pour ne pas les casser. Pour fermer vos aumônières, vous pouvez aussi utiliser des piques en bois.

Club sandwich
à La vache qui rit

★ **8 portions
de La vache qui rit**

★ 12 tranches
de pain de mie blanc

★ 2 tomates

★ 8 tranches fines
de bacon

★ 1 sachet de laitue
toute préparée,
ou une laitue fraîche

★ 1 oignon
doux blanc

★ Sel, poivre

Pour 4 personnes

Plonger les tomates 20 secondes dans de l'eau bouillante pour pouvoir les peler plus facilement. Les découper en tranches.

Détailler la salade en chiffonnade : maintenir les feuilles enroulées d'une main pour les couper en lamelles de 5 mm.

Éplucher et émincer finement l'oignon doux en rondelles. Enfourner brièvement les tranches de pain pour les toaster. Disposer le bacon sur un plat à four et le passer au gril.

Tartiner de La vache qui rit 8 tranches de pain, puis les recouvrir de salade et de fines tranches de tomate.

Recouvrir le tout de bacon tiède et d'une mince rondelle d'oignon doux.

Superposer 2 tranches de pain de mie garnies, puis poser la dernière tranche par-dessus, en pressant légèrement. Maintenir les angles du sandwich avec 4 piques en bois et couper la croûte avec un couteau scie.

Partager en diagonale et présenter 4 mini sandwichs par personne.

Conseil du chef

Le club est meilleur quand le pain et le bacon sont tièdes, que le pain de mie n'est pas détrempé et que les légumes sont à température ambiante... Il se prépare à la dernière minute, et c'est le roi des sandwichs !

Cuisse de poulet au miel de soja, purée de pommes de terre à La vache qui rit

Pour 4 personnes

- 8 portions de La vache qui rit
- 4 cuisses de poulet
- 2 cuillères à soupe de miel
- 2 cuillères à soupe de sauce soja
- 2 cuillères à soupe de vinaigre balsamique
- 1 cuillère à soupe d'huile d'arachide
- 600 g de pommes de terre
- 10 cl de lait
- Sel, poivre

Éplucher les pommes de terre et les couper en 4. Commencer leur cuisson à l'eau froide, puis les porter à ébullition.

Les cuire 20 minutes environ à petits bouillons. Égoutter, passer au presse-purée et rajouter progressivement le lait tiède, puis les portions de La vache qui rit. Assaisonner si nécessaire.

Faire chauffer un peu d'huile d'arachide dans une poêle et faire dorer les cuisses côté peau. Saler.

Au bout de 10 minutes de cuisson, retourner les cuisses. Ajouter dans la poêle le vinaigre, le soja, le miel et un peu d'eau. Laquer les cuisses en les arrosant continuellement de jus pendant 8 à 10 minutes à feu doux.

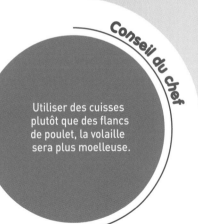

Conseil du chef

Utiliser des cuisses plutôt que des flancs de poulet, la volaille sera plus moelleuse.

Escalope de veau à la crème de La vache qui rit, tagliatelles fraîches

Pour 4 personnes

★ **8 portions de La vache qui rit**

★ 4 escalopes de veau de 160 g chacune

★ 500 g de tagliatelles fraîches

★ 200 g de petits oignons grelots surgelés

★ 200 g de champignons de Paris

★ 25 cl de crème liquide

★ 20 g de beurre

★ Quelques herbes fraîches

★ Sel, poivre

LAVER ET COUPER LES CHAMPIGNONS en quarts. Dans une poêle, faire dorer à feu vif les escalopes de veau dans le beurre, 2 minutes de chaque côté. Les retirer et assaisonner de sel et de poivre.

RAJOUTER DANS LA POÊLE les oignons grelots et les champignons. Cuire 5 minutes à feu vif. Dans un bol, délayer les portions de La vache qui rit, puis ajouter la crème petit à petit. Verser l'ensemble dans la poêle et rectifier l'assaisonnement. Ajouter les escalopes de veau et cuire à feu doux pendant 5 à 6 minutes.

FAIRE BOUILLIR UNE GRANDE QUANTITÉ D'EAU SALÉE pour y plonger les pâtes durant 4 minutes. Les égoutter.

RETIRER LES ESCALOPES et les servir dans des assiettes. Mélanger les tagliatelles à la sauce. Servir le tout décoré de quelques herbes fraîches.

Conseil du chef

Faites revenir la viande avant assaisonnement, pour éviter qu'elle ne se dessèche : elle en restera d'autant plus colorée.

Filets de poulet farcis à La vache qui rit et pommes de terre grenaille à l'ail frais

★ **4 portions de La vache qui rit**

★ 4 filets de poulet

★ 600 g de pommes de terre grenaille nouvelles

★ 4 gousses d'ail frais

★ 40 g de beurre

★ 1 petite branche de romarin

★ Sel, poivre

Pour 4 personnes

Laver et couper les pommes de terre en deux dans le sens de la longueur. Dans une casserole, recouvrir les pommes de terre d'eau froide, ajouter l'ail épluché et coupé en quartiers. Porter à ébullition pendant 5 minutes.

Égoutter les pommes de terre, puis les faire dorer dans 30 g de beurre à feu moyen, avec la branche de romarin.

Pendant ce temps, pratiquer une ouverture au centre des filets de poulet et y insérer une portion de La vache qui rit. Faire fondre 10 g de beurre dans une poêle, faire revenir les filets farcis d'un côté à feu vif.

Lorsque la volaille est saisie, la retourner pour cuire l'autre face à feu doux pendant 6 à 8 minutes.

Servir très chauds les filets farcis accompagnés des pommes de terre.

Conseil du chef

Il est tout à fait possible de réaliser la recette sans ail.

Pavé de bœuf poêlé, fondant de La vache qui rit, haricots verts étuvés aux noisettes

★ **4 portions de La vache qui rit**

Pour 4 personnes

★ 4 pavés de rumsteck

★ 500 g de haricots verts frais

★ 15 g de beurre

★ 30 g de noisettes entières ou hachées

★ Herbes fraîches

★ Sel, poivre

154

LAVER LES HARICOTS VERTS et les équeuter. Les plonger dans une grande casserole d'eau bouillante salée pendant 5 à 8 minutes.

Dans une poêle très chaude, colorer les pavés de bœuf en les saisissant 2 minutes sur chaque face. Assaisonner de sel et de poivre.

LAISSER FONDRE UNE PORTION DE LA VACHE QUI RIT sur chaque pavé de rumsteck et finir de cuire pendant 5 minutes à four très chaud (220 °C, thermostat 6).

ÉGOUTTER LES HARICOTS VERTS. Dans un même plat, faire fondre le beurre, ajouter les noisettes préalablement concassées et deux cuillères à soupe d'eau. Ajouter les haricots verts et bien mélanger. Cuire 2 à 3 minutes au four à 220 °C (thermostat 6).

PLACER LES HARICOTS VERTS au centre des assiettes et déposer par-dessus les pavés décorés d'herbes fraîches.

Conseil du chef

Sur le plan pratique, il est recommandé d'utiliser des haricots verts surgelés. Il est possible de remplacer le beurre par de l'huile d'olive, mais toujours avec un peu d'eau, pour plus de légèreté...

Quiche aux poireaux, lardons et La vache qui rit

Pour 4 personnes

- ★ **8 portions de La vache qui rit**
- ★ 1 rouleau de pâte brisée
- ★ 3 œufs
- ★ 1 jaune d'œuf
- ★ 80 g de lardons
- ★ 2 poireaux
- ★ 40 cl de lait
- ★ 10 cl de crème
- ★ Sel, poivre

PRÉCHAUFFER LE FOUR à 200 °C (thermostat 5-6).

ÉTALER LA PÂTE au fond d'un moule, la précuire pendant 10 minutes.

DÉCOUPER LES POIREAUX EN DEUX dans le sens de la longueur puis les détailler en rondelles de 1 cm. Dans une poêle bien chaude, faire sauter les lardons sans ajouter de matières grasses. Ajouter les poireaux, saler et couvrir. Laisser cuire 5 à 8 minutes.

PRÉPARER LE MÉLANGE À QUICHE : battre les œufs, le jaune et les portions de La vache qui rit, ajouter progressivement le lait et la crème.

RÉPARTIR LES POIREAUX et les lardons au fond de la tarte. Verser par-dessus la préparation et cuire 30 minutes au four à 200 °C.

Conseil du chef

La meilleure façon de vérifier la cuisson est de planter la pointe d'un couteau au centre de la quiche : si la pointe en ressort sèche, la quiche est cuite ! À cette même base, il est tout à fait possible d'ajouter différents ingrédients...

Rôti de veau piqué à La vache qui rit et galettes de pommes de terre râpées

Pour 4 personnes

★ **8 portions de La vache qui rit**

★ 1 rôti de veau de 700 à 800 g

★ 40 g de beurre

★ 12 fines tranches de poitrine fumée

★ 800 g de pommes de terre

★ 2 jaunes d'œufs

★ Huile d'arachide

★ Sel, poivre

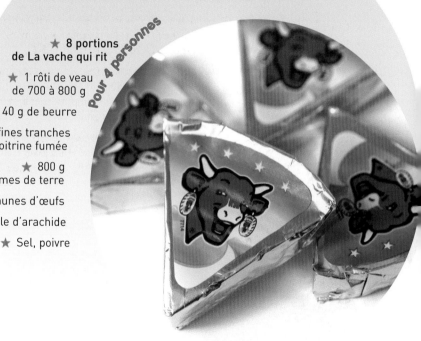

À L'AIDE D'UN GRAND COUTEAU, pratiquer dans le rôti des entailles de 3 cm, assez profondes. Dans chaque incision, insérer une portion de La vache qui rit. Entourer le rôti de fines lamelles de poitrine fumée avant de le ficeler.

DANS UNE COCOTTE allant au four, faire dorer la viande sur toutes ses faces à feu vif, dans un peu d'huile. L'assaisonner, puis mettre la cocotte au four pendant 25 minutes à 200 °C (thermostat 5-6).

ÉPLUCHER LES POMMES DE TERRE et les râper, puis les mélanger avec les œufs. Saler et poivrer. Faire des boules avec cette préparation. Bien presser et aplatir pour obtenir des galettes.

DANS UNE POÊLE TRÈS CHAUDE, verser un fond d'huile d'arachide et faire dorer les galettes. Retourner les pommes de terre, ajouter le beurre et baisser le feu. Laisser cuire encore 5 minutes environ.

Conseil du chef

Après avoir éteint le four, laisser reposer le rôti sur la porte du four ouverte pendant 20 minutes, avant de servir. Pour une recette plus légère, il est préférable d'ôter la poitrine fumée après cuisson.

Roulade de jambon blanc et de La vache qui rit

aux pousses d'épinard, carottes râpées à la fleur d'oranger

★ **8 portions**
de La vache qui rit

★ 6 carottes

★ 4 tranches
de jambon blanc

★ 3 cuillères à soupe
d'huile d'olive

★ 4 branches de cerfeuil

★ 1 cuillère à soupe d'eau
de fleur d'oranger

★ 1 jus de citron

★ Quelques pousses
d'épinard

Pour 4 personnes

HACHER GROSSIÈREMENT LE CERFEUIL. Disposer les tranches de jambon dans un grand plat et répartir sur chacune 2 portions de La vache qui rit.

COUVRIR DE FEUILLES D'ÉPINARD. Rouler les tranches et les maintenir serrées dans du film alimentaire. Les placer au frais durant au moins 1 heure.

ÉPLUCHER LES CAROTTES et les râper.

FAIRE UNE VINAIGRETTE DANS UN GRAND BOL avec de l'huile, le citron, du sel, du poivre et l'eau de fleur d'oranger. Ajouter le cerfeuil et les carottes. Bien mélanger.

COUPER EN BISEAU les tranches de jambon, en 3 ou 4 morceaux. Les servir accompagnées des carottes.

Conseil du chef

Assaisonner les carottes une demi-heure avant la dégustation, afin que la vinaigrette puisse développer ses arômes. Ajouter quelques raisins secs aux carottes, pour agrémenter la recette de saveurs orientales...

Roulade de La vache qui rit à la volaille

★ **6 portions de La vache qui rit**

★ 4 filets de poulet

★ 1 branche de menthe

★ 1 branche de persil

★ 1 branche de coriandre

★ 1 botte de radis roses

★ Sel, poivre

Pour 4 personnes

Pour la vinaigrette :

★ 3 cuillères à soupe d'huile d'olive

★ 1 cuillère à soupe de vinaigre de fruit

★ 2 cuillères à soupe de baies roses (poivre rose, appelé aussi café de Chine)

LAVER LES BRANCHES DE MENTHE, persil et coriandre et les hacher finement. Incorporer les herbes aux portions de La vache qui rit de manière à obtenir un mélange homogène.

OUVRIR LES FILETS DE POULET en escalopes en les coupant dans la longueur. Les aplatir à coups de rouleau à pâtisserie. Tartiner les escalopes de La vache qui rit aux herbes.

ROULER LES ESCALOPES SUR ELLES-MÊMES, puis les entourer de film alimentaire comme des boudins, et les plonger durant 8 minutes dans une casserole d'eau bouillante. Les sortir de l'eau et les laisser refroidir.

LAVER LES RADIS, les éplucher. Préparer la vinaigrette en mélangeant l'huile, le vinaigre et les baies roses.

COUPER LES FILETS EN TROIS et les servir tièdes ou froids dans des assiettes plates, accompagnés des radis assaisonnés de vinaigrette.

Conseil du chef

Cette recette peut être préparée à l'avance. De plus, elle est aussi chic lors d'un dîner que pour un pique-nique !

Gratin de pâtes et jambon à La vache qui rit

Pour 4 personnes

★ **6 portions de La vache qui rit**

★ 300 g de penne ou macaroni

★ 4 petites tranches de jambon cuit

★ 80 g de Leerdammer®

Pour la béchamel :

★ 20 cl de lait

★ 30 g de farine

★ 20 g de beurre

★ Sel, poivre

PORTER À ÉBULLITION UNE CASSEROLE remplie d'eau salée et y plonger les pâtes pendant 10 minutes.

FAIRE UNE BÉCHAMEL : dans une casserole à feu doux, mélanger le beurre et la farine pendant 3 minutes en tournant sans interruption, puis incorporer petit à petit le lait jusqu'à obtention d'un liquide homogène. Saler, poivrer.

REMPLIR UN PLAT AVEC LES PÂTES et le jambon coupé en dés.

NAPPER DE BÉCHAMEL. Poser par-dessus les portions de La vache qui rit et le Leerdammer®, puis faire gratiner pendant 10 minutes à four chaud (220 °C, thermostat 6).

Conseil du chef

Du jambon cru peut tout à fait remplacer le jambon cuit. Idéale pour un plat principal, cette recette accompagne aussi très bien les viandes. Malin : parfait pour utiliser vos restes de pâtes !

Gratin de pommes de terre au chorizo doux et à La vache qui rit

★ 8 portions de La vache qui rit

Pour 4 personnes

★ 800 g de pommes de terre Charlotte

★ 12 fines tranches de chorizo doux

★ 3/4 de litre de lait

★ 1 pincée de sucre

★ 1 jaune d'œuf

★ Sel

ÉPLUCHER ET LAVER LES POMMES DE TERRE, les couper en rondelles très fines.

LES PLACER DANS UN PETIT PLAT À GRATIN, en y intercalant des tranches de chorizo.

MIXER L'ŒUF, LE LAIT et les portions de La vache qui rit. Ajouter le sel et le sucre et verser sur les légumes.

CUIRE À FOUR DOUX (170 °C, thermostat 3-4) pendant 80 minutes.

DÉGUSTER EN ACCOMPAGNEMENT de volaille ou de viande rouge.

Conseil du chef

Laver les pommes de terre avant de les couper : lorsque l'on enlève l'amidon elles n'adhèrent plus. Vérifier la cuisson en y plantant une pointe de couteau. Elles sont cuites lorsque la lame ne rencontre plus de résistance.

Soufflés
à La vache qui rit

★ 12 portions
de La vache qui rit

★ 1/2 litre de lait

★ 50 g de beurre

★ 50 g de farine

★ 5 œufs

★ 10 g de beurre
pour les moules

★ Sel

Pour 4 personnes

BEURRER DES MOULES À SOUFFLÉ de bas en haut à l'aide d'un pinceau, et les entreposer au réfrigérateur.

FAIRE FONDRE LE RESTE DU BEURRE et le mélanger à la farine.

FAIRE REVENIR CETTE PRÉPARATION pendant 1 minute feu doux, puis incorporer le lait, porter à ébullition et rajouter les portions de La vache qui rit. Rectifier l'assaisonnement et faire tiédir. Séparer les jaunes des blancs. Ajouter les jaunes d'œufs à la béchamel de La vache qui rit tiède.

DANS UN BOL, FOUETTER LES BLANCS D'ŒUFS en neige et les incorporer délicatement dans la béchamel. Disposer le mélange dans les moules à soufflé et cuire au four à 240 °C (thermostat 7) de 10 à 12 minutes.

Conseil du chef

Si vous êtes gourmand de La vache qui rit, disposer une portion au centre du soufflé avant de l'enfourner. Si vous n'avez pas de moule à soufflé, tilisez des bols en verre trempé résistant à la chaleur ou des moules en aluminium.

Charlotte d'asperges vertes, La vache qui rit et amandes fumées

Pour 4 personnes

★ **12 portions de La vache qui rit**

★ 2 belles bottes d'asperges vertes

★ 20 cl de crème liquide

★ 1 sachet d'amandes fumées (au rayon apéritif)

★ Quelques feuilles de salade

★ Herbes fraîches

★ Sel, poivre

170

Laver les asperges et leur couper la queue (partie dure d'environ 3 cm). Plonger les asperges dans une casserole d'eau bouillante salée pendant 5 minutes, de façon qu'elles conservent leur croquant. Afin de stopper la cuisson, les plonger immédiatement dans de l'eau glacée.

Couper les asperges à 10 cm de la pointe. Couper les queues en petites tranches de 1 cm et les laisser sécher sur un linge.

Fouetter la crème jusqu'à l'obtention d'une chantilly. Mélanger à part les portions de La vache qui rit jusqu'à obtenir une texture lisse, puis y incorporer la crème fouettée, les queues d'asperges tranchées et enfin les amandes fumées.

Dans un plat de taille moyenne à bord droit, ranger les asperges la pointe vers le haut et garnir au centre de quelques feuilles de salade, puis recouvrir avec la préparation à La vache qui rit. Lisser le dessus et décorer à l'aide d'herbes fraîches.

Conseil du chef

Il est possible de remplacer les amandes fumées par des amandes grillées ou d'autres fruits secs : noix, noisettes, pignons de pin...

Crumble de La vache qui rit et tomates farcies

Pour 4 personnes

- ★ 8 portions de La vache qui rit
- ★ 4 tomates rondes
- ★ 400 g de bœuf haché
- ★ 1 cuillère à soupe d'herbes de Provence
- ★ 50 g de farine
- ★ 50 g de poudre d'amande
- ★ 50 g de chapelure
- ★ 1 filet d'huile d'olive
- ★ Sel, poivre

Mélanger du bout des doigts, dans un bol, la farine, la poudre d'amande, la chapelure et les portions de La vache qui rit.

Refroidir la pâte 10 minutes au réfrigérateur. L'émietter sur une feuille de papier sulfurisé, pour la faire cuire au four à 200 °C (thermostat 5-6) de 10 à 12 minutes, jusqu'à ce qu'elle soit dorée.

Plonger les tomates 20 secondes dans une casserole d'eau bouillante. Les refroidir dans un bol d'eau froide et les éplucher. Retirer les pédoncules et couper les chapeaux. Retirer les pépins. Les farcir de viande de bœuf hachée et assaisonnée. Parsemer d'herbes de Provence et d'un filet d'huile d'olive. Cuire au four à 200 °C durant 15 minutes (thermostat 5-6).

Poser une tomate au centre de chaque assiette, puis parsemer de *crumble* à La vache qui rit.

Conseil du chef

Réaliser la même recette avec des courgettes ou des oignons farcis.

Roulades d'aubergines à La vache qui rit, concassée de tomates cerises au romarin

★ **8 portions de La vache qui rit**

★ 2 aubergines

★ 400 g de tomates cerises

★ 50 g de poudre d'amande

★ 1 branche de romarin

★ 10 cl d'huile d'olive

★ Sel, poivre

Pour 4 personnes

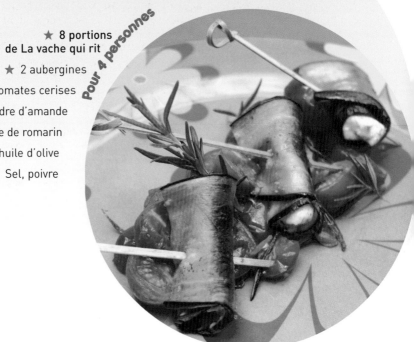

174

Découper les aubergines en tranches de 4 mm d'épaisseur dans le sens de la longueur, les saler et les laisser dégorger.

Les sécher, puis déposer sur chaque tranche le tiers d'une part de La vache qui rit. Assaisonner d'un tour de moulin à poivre. Enrouler chaque tranche sur elle-même et la serrer en y fixant une pique en bois. Rouler ces tranches dans de la poudre d'amande pour les paner.

Couper les tomates cerises en deux. Ciseler l'échalote en petits dés.

Dans une poêle bien chaude, verser un peu d'huile d'olive et y faire dorer les aubergines jusqu'à ce qu'elles soient régulièrement colorées. Les garder au chaud.

Dans la même poêle, faire revenir doucement l'échalote pendant une minute ; ajouter le romarin effeuillé et les tomates. Laisser mijoter pendant 5 minutes.

Servir les aubergines tièdes avec la concassée de tomates.

Conseil du chef

Si vos tomates ne sont pas assez mûres, ajouter une pincée de sucre en cours de cuisson. Découper les aubergines de manière très fine permet de les savourer juste cuites.

Tian d'épinard, croûtons à l'huile d'olive et à La vache qui rit

Pour 4 personnes

- ★ **10 portions de La vache qui rit**
- ★ 600 g de surgelé d'épinard en branche
- ★ 30 g de beurre
- ★ 30 g de farine
- ★ 1/4 de litre de lait
- ★ 2 échalotes
- ★ 80 g de Leerdammer
- ★ 2 tranches de pain
- ★ Huile d'olive
- ★ Sel, poivre

Décongeler les feuilles d'épinard et les presser pour enlever l'eau. Éplucher et couper les échalotes en fines lamelles.

Dans une casserole à feu doux, mélanger la farine et le beurre pour obtenir un roux. Ajouter petit à petit le lait, puis les portions de La vache qui rit. Dès l'ébullition, compter deux minutes de cuisson supplémentaire.

Couper les tranches de pain en petits dés et les badigeonner d'huile d'olive.

Dans un plat allant au four, mélanger les feuilles d'épinard aux échalotes sans tasser. Saler et poivrer. Napper de sauce à La vache qui rit, parsemer de dés de pain et saupoudrer de Leerdammer.

Cuire 20 minutes dans un four à 200 °C (thermostat 5-6), pour faire croustiller le pain et gratiner le fromage.

Conseil du chef

Pour une béchamel réussie : toujours mélanger le roux chaud au lait froid, ou le lait chaud au roux froid.

Sabayon de La vache qui rit aux fruits rouges

★ 8 portions
de La vache qui rit

★ 250 g de fruits rouges
(fraises, framboises, cerises...)

★ 2 œufs

★ 10 cl de crème liquide

★ 60 g de sucre

Pour 4 personnes

À L'AIDE D'UN BATTEUR ÉLECTRIQUE, battre les œufs entiers avec le sucre pendant 6 à 8 minutes, jusqu'à ce que le mélange blanchisse et devienne très mousseux : vous obtenez un sabayon. De même, battre la crème liquide en chantilly.

MÉLANGER LES PORTIONS DE LA VACHE QUI RIT au fouet, pour obtenir une texture lisse. Y ajouter un tiers du sabayon, bien mélanger. Incorporer le reste du sabayon et la crème fouettée. Mélanger délicatement, puis laisser reposer une heure au frais.

LAVER ET COUPER LES FRUITS en morceaux. Ajouter une pincée de sucre et remuer avec une cuillère, afin que les fruits rendent un peu de leur jus.

RÉPARTIR LE SABAYON dans les verres et verser le mélange de fruits rouges par-dessus.

Conseil du chef

Pour mélanger plus facilement les portions de La vache qui rit, ajouter une à deux cuillères d'eau tiède. Utiliser le même sabayon, parfumé au café, pour réaliser de délicieux tiramisu.

Recettes entre amis

Cocktail entre amis à La vache qui rit

Ne pas hésiter à rajouter de La vache qui rit dans vos menus apéritifs : soyez imaginatif !

Dans les soupes et les crèmes

La vache qui rit permet de parfumer délicatement vos soupes et crèmes à base de courgettes, petits pois, gaspacho… Pour cela, il suffit de mixer des portions de La vache qui rit avec vos ingrédients traditionnels. Pour encore plus de saveurs, ajouter des épices (curry, cannelle…) à vos recettes !

En sauce

Pour davantage de fraîcheur, composer des sauces à base de La vache qui rit afin d'agrémenter vos dips de légumes ou de volaille. Pour cela, fouetter les portions de La vache qui rit avec un yaourt ou du fromage blanc à 0 % de matière grasse. L'utilisation d'herbes ciselées est recommandée, car celles-ci permettent de donner plus de saveur à votre apéritif et de varier les plaisirs : estragon, coriandre, persil,

herbes de Provence… Idéal pour tremper vos chips, tacos ou gressins !

Sur des feuilletés chauds

Étaler sur un rouleau de pâte feuilletée des portions de La vache qui rit délayées, puis les agrémenter de vos garnitures préférées : jambon blanc découpé en fines lamelles, mini saucisses, oignons fondants, dés de légumes confits…

Sur des canapés froids

La vache qui rit donne une meilleure saveur à vos canapés froids en remplaçant notamment le beurre : vos tartines seront ainsi plus fondantes, plus moelleuses.

De plus, La vache qui rit permet d'humidifier le pain qui, ainsi, ne se desséchera pas. La vache qui rit remplace parfaitement la mayonnaise : il suffit de la battre avec une cuillère à soupe d'eau.

Tartiner du pain de campagne grillé avec de La vache qui rit, puis y ajouter la garniture de votre choix ; les légumes confits sont ici la garniture parfaite…

Minibruschettas de La vache qui rit, légumes confits et parmesan

Pour 4 personnes

★ 8 portions de La vache qui rit

★ 4 tranches de pain de campagne

★ 12 pétales de tomate confite

★ 12 artichauts marinés à l'huile

★ 1 aubergine

★ 1 courgette

★ 30 g de parmesan en bloc

★ 10 cl d'huile d'olive

★ 1 cuillère à soupe d'herbes de Provence

★ Sel, poivre

LAVER ET COUPER EN FINES TRANCHES l'aubergine et la courgette. Dans une poêle chaude, faire dorer les légumes sur chaque face dans de l'huile d'olive. Les éponger sur une feuille de papier absorbant. Couper les artichauts et les tomates en deux.

GRILLER LES TRANCHES DE PAIN DE CAMPAGNE dans un toaster, puis étaler sur chaque tranche 2 portions de La vache qui rit. Disposer harmonieusement les légumes confits, décorer avec des copeaux de parmesan et arroser d'un filet d'huile d'olive.

ASSAISONNER D'UN PEU DE SEL et de poivre du moulin et terminer avec des herbes de Provence.

Conseil du chef

Si vous voulez préparer les bruschettas en avance, les garder au réfrigérateur et les couvrir d'un torchon humide.

Terrine de légumes à La vache qui rit et à l'huile d'herbes

★ **12 portions de La vache qui rit**

★ 2 courgettes

★ 4 carottes

Pour 4 personnes

★ Un demi-concombre

★ Un quart de céleri-rave

★ Un demi-yaourt nature

★ Une demi-botte d'estragon

★ 10 cl d'huile d'olive

★ Sel, poivre

LAVER, PUIS DÉCOUPER TOUS LES LÉGUMES en gros bâtonnets de 1 cm. Dans une grande quantité d'eau bouillante salée, plonger les légumes, les cuire rapidement de manière à les garder croquants : 5 minutes pour les carottes, 4 minutes pour les céleris et 2 minutes pour les courgettes.

À LA FIN DE LA CUISSON, plonger les légumes dans un grand volume d'eau glacée afin de les refroidir et d'arrêter la cuisson. Bien sécher sur un linge.

MÉLANGER LES PORTIONS DE LA VACHE QUI RIT avec le demi-yaourt dans un bol avec un fouet et assaisonner de quelques tours de moulin à poivre.

DANS UN PLAT À TERRINE, alterner les couches de légumes et les couches de La vache qui rit, jusqu'à épuisement des ingrédients. Tenir au frais pendant au moins 2 heures.

POUR L'ASSAISONNEMENT, préparer l'huile d'herbe : dans un petit mixeur, hacher les feuilles d'estragon avec l'huile d'olive et une pincée de sel.

Conseil du chef

Il est important de bien égoutter les légumes et de ne pas hésiter à les éponger avec un torchon, s'ils rendent trop d'eau. Afin de mieux démouler la terrine, tapisser le plat avec du film alimentaire avant de le remplir.

187

Boulettes de porc à La vache qui rit,
nouilles asiatiques aux légumes

Pour 4 personnes

★ **8 portions de La vache qui rit**

★ 800 g de viande de porc hachée

★ 1 oignon

★ 6 tiges de coriandre fraîche

★ 2 carottes

★ 2 courgettes

★ 400 g de nouilles asiatiques

★ 5 cl d'huile d'olive

★ Sel, poivre

ÉPLUCHER ET CISELER L'OIGNON en petits dés. Hacher la coriandre fraîche et la mélanger dans un bol avec l'oignon, la viande de porc hachée et les portions de La vache qui rit. Avec la paume de la main, former des boulettes de viande d'environ 50 g.

ÉPLUCHER, PUIS COUPER LES CAROTTES et les courgettes en fins bâtonnets et, durant 3 minutes, les faire sauter avec un filet d'huile d'olive dans une poêle à feu vif. Réserver les légumes et faire rôtir pendant 10 minutes les boulettes de viande dans la même poêle, sur toutes les faces et à feu moyen, avec un filet d'huile d'olive.

PENDANT CE TEMPS, faire bouillir de l'eau salée et y plonger les nouilles asiatiques durant 2 à 3 minutes. Les égoutter et les mélanger aux légumes.

RÉSERVER LES BOULETTES DE VIANDE et faire sauter les nouilles et les légumes avec un filet d'huile d'olive pendant 2 minutes à feu vif, toujours dans cette même poêle.

RECTIFIER L'ASSAISONNEMENT et servir avec les boulettes.

Conseil du chef

Vous pouvez utiliser de la viande de porc hachée que vous trouverez chez votre boucher, ou de la chair à saucisse, ou encore de la viande de bœuf hachée.

Brochette de bœuf en croûte d'herbes, compote d'aubergines à La vache qui rit

★ **8 portions de La vache qui rit**

Pour 4 personnes

★ 4 pavés de bœuf de 200 g chacun

★ 2 aubergines

★ 4 branches de romarin

★ 80 g de chapelure de pain

★ Une demi-botte de persil plat

★ 10 cl d'huile d'olive

★ Sel, poivre

ALLUMER LE FOUR en position gril.

ÉPLUCHER LES AUBERGINES et les couper en petits dés. Les cuire dans une casserole à feu doux pendant 15 minutes, avec 3 cuillères à soupe d'huile d'olive et un demi-verre d'eau, tout en remuant souvent.

DÉCOUPER CHAQUE PAVÉ de bœuf en 4 morceaux.

ÉPLUCHER LES TIGES DE ROMARIN, pour les transformer en piques à brochettes. Hacher le persil avec un peu de romarin, ajouter une pincée de sel et la chapelure. Piquer la viande sur les branches, passer les brochettes dans la chapelure verte et laisser sous le gril pendant 6 minutes.

COUPER GROSSIÈREMENT les portions de La vache qui rit et les mélanger rapidement à la compote d'aubergines, pour obtenir un mélange hétérogène.

SUR UNE ASSIETTE PLATE, déposer harmonieusement chaque brochette et sa compote.

Conseil du chef

Préférer la cuisson au barbecue, car elle donne davantage de saveur à la viande. Il est important de mélanger les portions de La vache qui rit aux aubergines au dernier moment, afin d'éviter qu'elles ne fondent trop.

Dips d'ailerons de poulet croustillants, crème de La vache qui rit à la moutarde

Pour 4 personnes

- ★ **4 portions de La vache qui rit**
- ★ 12 ailerons de poulet
- ★ 3 yaourts
- ★ 1 cuillère à soupe de moutarde de Dijon
- ★ 5 cl d'huile d'olive
- ★ 2 cuillères à soupe d'eau
- ★ Sel, poivre

DISPOSER LES AILERONS DE VOLAILLE sur une lèchefrite. Assaisonner de sel et de poivre, arroser d'un filet d'huile d'olive.

CUIRE AU FOUR À 240 °C (thermostat 7-8) pendant 30 minutes, en les retournant de temps en temps.

DANS UN BOL, MÉLANGER LES YAOURTS, les portions de La vache qui rit, la moutarde, saler et poivrer. Fouetter énergiquement en ajoutant 2 cuillères à soupe d'eau.

SERVIR LA SAUCE avec les dips d'ailerons.

Conseil du chef

Pour parfumer encore plus la sauce, il est possible d'y ajouter curry, mélange de cinq épices, tandoori...

Recettes entre amis | Plat

Escalope de veau panée à La vache qui rit et bacon, aubergines aux pignons de pin

Pour 4 personnes

★ **4 portions de La vache qui rit**

★ 4 escalopes de veau

★ 4 tranches de bacon

★ 2 œufs

★ 50 g de farine

★ 1 aubergine

★ 2 cuillères à soupe de pignons de pin

★ 100 g de chapelure de pain

★ 30 g de beurre

★ 10 cl d'huile d'olive

★ Sel, poivre

APLATIR LES ESCALOPES DE VEAU à coups de rouleau à pâtisserie.

POSER SUR LA MOITIÉ DE CHAQUE ESCALOPE une tranche de bacon et une portion de La vache qui rit et refermer l'autre moitié par-dessus.

BATTRE LES OEUFS EN OMELETTE dans une assiette creuse.

METTRE UN PEU DE FARINE dans une assiette et la chapelure dans une autre. Paner les escalopes farcies : les passer dans la farine, puis dans l'œuf et enfin dans la chapelure.

LAVER L'AUBERGINE et la couper en tranches de 1 cm. Faire dorer fortement chaque tranche dans une poêle avec de l'huile d'olive. Une fois qu'elles sont toutes cuites, ajouter les pignons de pin et le restant d'huile d'olive. Cuire à feu doux pendant 20 minutes avec un demi-verre d'eau.

DANS UNE AUTRE POÊLE, cuire les escalopes dans du beurre mousseux (on dit qu'il « chante »…), 3 minutes de chaque côté. Attention, fragile !

SERVIR LES AUBERGINES en rosace dans une assiette et placer par-dessus une escalope panée.

Conseil du chef

Ne pas trop saler l'escalope, le bacon l'est déjà.
Sur le plan pratique : préparer les aubergines la veille, elles se réchauffent à merveille.

195

Risotto aux champignons et à La vache qui rit

Pour 4 personnes

- ★ 8 portions de La vache qui rit
- ★ 350 g de riz pour risotto
- ★ 200 g de champignons de Paris
- ★ 5 cl de vin blanc sec
- ★ 30 g de beurre
- ★ 1 oignon
- ★ 50 g de copeaux de parmesan
- ★ 1 cube de bouillon
- ★ Environ 1 l d'eau
- ★ Sel

ÉPLUCHER L'OIGNON et l'émincer en petites lamelles.

FAIRE REVENIR CELLES-CI dans une casserole avec 20 g de beurre et les laisser roussir légèrement. Ajouter le riz et poursuivre la cuisson à feu doux jusqu'à ce qu'il devienne translucide.

VERSER LE VIN BLANC, bien le laisser réduire, ajouter progressivement l'eau et le cube de bouillon.

VERSER L'EAU EN 4 OU 5 FOIS, en attendant chaque fois que le riz absorbe le liquide.

LAVER ET COUPER LES CHAMPIGNONS en quarts, les faire sauter dans le beurre restant.

AU TERME DE LA CUISSON DU RISOTTO (15 à 20 minutes environ), incorporer délicatement les champignons, puis les portions de La vache qui rit, et rectifier l'assaisonnement en sel.

DANS DES ASSIETTES CREUSES ou des bols, répartir le risotto et décorer avec les copeaux de parmesan.

Conseil du chef

Il est recommandé d'utiliser un riz spécial risotto, car il est plus tendre à la cuisson et permet d'obtenir la liaison crémeuse caractéristique du risotto. Vous pouvez varier les champignons selon la saison : girolles, cèpes...

197

Tagine d'agneau aux pruneaux farcis et à La vache qui rit, semoule parfumée au safran

Pour 4 personnes

- ★ 8 portions de La vache qui rit
- ★ 800 g de gigot d'agneau désossé
- ★ 12 pruneaux dénoyautés
- ★ 250 g de semoule à couscous
- ★ 1 pincée de safran en pistils
- ★ 1 cuillère à soupe de curry en poudre
- ★ 20 g d'amandes effilées
- ★ 20 g de raisins secs
- ★ 10 g de farine
- ★ 25 cl d'eau
- ★ 5 cl d'huile d'olive
- ★ Quelques feuilles de coriandre
- ★ Sel, poivre

Couper le gigot d'agneau en dés de 50 g.

Dans une casserole ou une cocotte, faire dorer à feu vif les morceaux de gigot sur toutes les faces, avec un filet d'huile d'olive. Assaisonner de sel et de poivre. Ajouter les raisins secs, les amandes ainsi que la farine. Faire revenir durant 2 à 3 minutes, afin de roussir la farine et les amandes. Incorporer l'eau de manière à recouvrir la viande, puis le curry en poudre et cuire à feu doux pendant 20 minutes, à couvert.

Farcir les pruneaux avec les portions de La vache qui rit et les mettre dans la cocotte 5 minutes avant la fin de la cuisson de la viande.

Dans une casserole, faire bouillir 25 cl d'eau avec une pincée de sel, un filet d'huile d'olive et le safran. Retirer du feu, laisser tiédir et verser sur la semoule. Laisser celle-ci gonfler pendant 10 minutes après avoir posé un film alimentaire sur le récipient.

À l'aide d'une fourchette, égrainer la semoule et la servir dans une assiette creuse. Ajouter la viande, les pruneaux à La vache qui rit et la sauce. Décorer de coriandre fraîche.

Conseil du chef

Lors de la cuisson du tagine, verser du lait de coco et de l'eau pour recouvrir la viande, elle n'en sera que plus savoureuse. Si vous n'avez pas de safran pour la semoule, vous pouvez le remplacer par du curcuma en poudre, ou des épices à couscous.

Volaille entière rôtie moelleuse à La vache qui rit et poivronnade

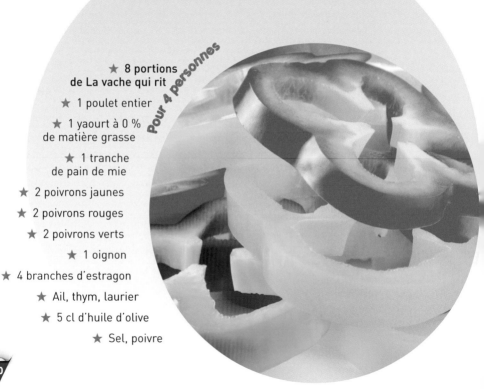

Pour 4 personnes

- ★ **8 portions de La vache qui rit**
- ★ 1 poulet entier
- ★ 1 yaourt à 0 % de matière grasse
- ★ 1 tranche de pain de mie
- ★ 2 poivrons jaunes
- ★ 2 poivrons rouges
- ★ 2 poivrons verts
- ★ 1 oignon
- ★ 4 branches d'estragon
- ★ Ail, thym, laurier
- ★ 5 cl d'huile d'olive
- ★ Sel, poivre

Éplucher et vider les poivrons, les couper en fines lamelles.

Émincer l'oignon en minces lamelles.

Mélanger dans un bol les portions de La vache qui rit, le pain émietté, le yaourt, l'estragon et un peu de gros sel. Farcir le poulet de ce mélange.

Le badigeonner d'huile et l'assaisonner de sel et de poivre.

Enfourner la volaille posée sur une cuisse à four chaud (220 °C, thermostat 6) pendant 30 minutes, en la retournant sur l'autre cuisse à mi-cuisson. Puis baisser un peu le thermostat (200 °C, thermostat 5-6), mettre le poulet sur le dos et cuire encore 20 minutes.

Faire blondir rapidement l'oignon dans une poêle avec un peu d'huile d'olive. Ajouter un demi-verre d'eau et les lamelles de poivron. Cuire 15 minutes à feu doux jusqu'à ce que l'eau s'évapore. Assaisonner de sel et de poivre.

Servir le poulet accompagné de sa poivronnade.

Conseil du chef

Dès sa sortie du four, laisser reposer le poulet dans un endroit tiède (ouvrir la porte du four) pendant 15 minutes, pour que la chaleur finisse de pénétrer ses chairs et que la viande soit plus moelleuse.

Recettes entre amis | **Garniture**

Croquettes de pommes de terre à La vache qui rit

★ 8 portions
de La vache qui rit

Pour 4 personnes

★ 500 g de pommes
de terre Charlotte

★ 10 g de beurre

★ 5 cl de lait

★ 3 œufs

★ 200 g de chapelure
de pain

★ 50 g de farine

★ Sel

Laver et éplucher les pommes de terre et les cuire dans un grand volume d'eau salée. Les égoutter et les passer au presse-purée. Ajouter le beurre, le lait et un œuf. Ne pas trop mélanger.

Dans le creux de la main, faire des galettes de pomme de terre, déposer au centre un morceau de La vache qui rit et refermer de manière à former les croquettes comme des quenelles.

Casser les 2 œufs restants, les battre en omelette.

Rouler les croquettes dans la farine, puis dans l'œuf et enfin dans la chapelure.

Dans une friteuse, faire chauffer l'huile à 180 °C pour y plonger les croquettes. Arrêter la cuisson lorsqu'elles sont bien dorées.

Déposer les croquettes harmonieusement dans une assiette et servir chaud.

Conseil du chef

Utiliser une purée déshydratée, en prenant soin de mettre un peu moins d'eau que la proportion indiquée sur le paquet, pour obtenir une texture souple. Si la pulpe de pomme de terre est trop liquide, ajouter un peu de farine à la préparation.

Petits cheese cakes
à La vache qui rit et framboises

★ **8 portions**
de La vache qui rit

Pour 4 personnes

★ 12 petits-beurre
(petits gâteaux)

★ 30 g de beurre

★ 20 g de sucre

★ 1 barquette
de framboises

★ 2 cuillères à soupe
de confiture de framboise

★ 3 œufs

★ 30 cl de crème liquide

★ 50 g de sucre

★ 1 citron vert

DANS UN BOL, BRISER LES PETITS-BEURRE, ajouter le beurre coupé en petites noix, et le sucre. Malaxer du bout des doigts et répartir la pâte dans 4 ramequins, ou 4 emporte-pièces ronds en inox sans fond. Cuire 10 minutes au four à 200 °C (thermostat 5-6). Refroidir et napper d'un peu de confiture.

DANS UN BOL, MÉLANGER LES ŒUFS ENTIERS avec les portions de La vache qui rit, puis ajouter le sucre, le jus de citron vert et la crème liquide. Verser cette préparation sur la pâte et cuire au four à 180 °C (thermostat 4-5) pendant 20 minutes. Sortir du four et laisser refroidir.

SERVIR DÉCORÉ de framboises fraîches.

Conseil du chef

Pour vérifier la cuisson du cheese cake, s'assurer qu'en sortant du four il tremblote très légèrement.

Recettes gastronomiques

Pimentos farcis à La vache qui rit

Pour 4 personnes

★ **8 portions de La vache qui rit**

★ 1 boîte de pimentos, (petits poivrons doux espagnols, rouges et grillés)

★ 4 tranches de jambon serrano espagnol

★ 6 cuillères à soupe d'huile d'olive

★ 2 cuillères à soupe de vinaigre de xérès

★ 2 tomates bien mûres

★ De la ciboulette

★ Fleur de sel, poivre

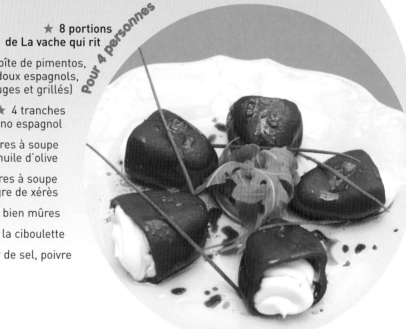

LAVER ET COUPER LES PIMENTOS en deux dans la largeur. Enlever les pépins.

COUPER ENSEMBLE LE JAMBON et les tomates, en tout petits dés. Ajouter la moitié de la ciboulette ciselée.

FARCIR LES PIMENTOS aux trois quarts avec ce mélange.

BATTRE AU FOUET les portions de La vache qui rit. Finir de farcir les pimentos jusqu'au bord avec La vache qui rit.

MÉLANGER L'HUILE, le vinaigre, le sel et le poivre.

DISPOSER LES PIMENTOS dans des assiettes et décorer avec le reste de ciboulette et la vinaigrette. Saupoudrer les pimentos de fleur de sel.

Conseil du chef

Choisissez de petits pimentos, plus jolis et plus faciles à remplir. Bien enlever les peaux noires brûlées qui peuvent subsister, ainsi que les pépins, car il ne sont pas digestes.

Carré d'agneau farci à La vache qui rit, tatin de tomates à l'oignon nouveau

Pour 4 personnes

★ **4 portions de La vache qui rit**

★ 4 carrés d'agneau de 3 côtes chacun

★ 1 rouleau de pâte feuilletée

★ 4 tomates

★ 1 botte d'oignons nouveaux

★ 1 cuillère à soupe de miel

★ 5 cl d'huile d'olive

★ Sel, poivre

Laver les tomates et retirer les pédoncules. Les couper en six et retirer les pépins. Laver et couper les oignons nouveaux en quatre.

Dans une poêle, faire bouillir le miel avec les oignons et les tomates. Assaisonner et cuire de 10 à 15 minutes à feu moyen.

Dérouler un rouleau de pâte feuilletée et, à l'aide d'un verre, couper 4 disques de la même taille que les ramequins. Disposer le mélange de tomates et d'oignons dans ces ramequins et le recouvrir de la pâte feuilletée. Cuire au four à 200 °C (thermostat 5-6) pendant 20 minutes.

Avec la pointe d'un couteau, percer de part en part la chair du carré d'agneau et y pratiquer un trou de 1 cm de diamètre. Avec le pouce, et à l'aide d'une petite cuillère, disposer un peu de La vache qui rit dans cet orifice. Assaisonner l'agneau de sel et de poivre. Dans une poêle avec un filet d'huile d'olive, faire dorer les carrés d'agneau sur toutes les faces, puis les mettre au four à 200 °C pendant 6 à 7 minutes.

Démouler et retourner la tatin de tomates dans l'assiette, puis disposer le carré d'agneau par-dessus.

Conseil du chef

Laisser reposer la viande 5 minutes, après l'avoir sortie du four, pour qu'elle soit plus tendre. Profiter de la cuisson des tatins pour cuire aussi la viande. Si vous n'avez pas d'oignons nouveaux, utiliser des oignons grelots surgelés.

Cassolette gratinée de veau au citron à La vache qui rit

★ **12 portions de La vache qui rit**

★ 1 kg d'épaule de veau

★ 2 gros citrons jaunes non traités

★ 1 cuillère à soupe de jus de veau déshydraté

★ 1 cuillère à soupe de farine

★ 100 g d'olives vertes

★ 4 jeunes carottes

★ 1 botte d'oignons nouveaux

★ 40 g de chapelure

★ 40 g de poudre d'amande

★ 20 cl de vin blanc

★ 5 cl d'huile d'olive

★ 1 l d'eau

★ Sel, poivre

Pour 4 personnes

212

COUPER LE VEAU EN DÉS de 2 à 3 cm. Les faire dorer dans une cocotte avec un filet d'huile très chaude.

Y AJOUTER LES CAROTTES et les oignons coupés en gros morceaux. Les faire revenir légèrement, avec la farine et le jus de veau. Ajouter 1 l d'eau et le vin blanc, les olives et les citrons coupés en six avec la peau.

CUIRE 90 MINUTES à petits bouillons jusqu'à l'obtention d'une sauce sirupeuse et d'une viande moelleuse.

DANS UN PLAT À GRATIN, répartir les légumes, les citrons et la viande ; napper avec un peu de sauce et répartir les portions de La vache qui rit sur la viande. Saupoudrer de poudre d'amande et de chapelure. Gratiner sous le gril pendant 6 à 8 minutes. Servir brûlant.

Conseil du chef

Si la sauce est trop liquide, la laisser réduire avant de la verser sur la viande. Si elle l'est encore, la lier avec une cuillère à soupe de fécule de pomme de terre. Meilleur : préparer la daube la veille et la faire réchauffer et gratiner le lendemain !

Côte de bœuf rôtie à la fleur de sel, pommes sautées à La vache qui rit

★ **6 portions de La vache qui rit**

Pour 4 personnes

★ 1 côte de bœuf de 1,2 kg environ

★ 600 g de petites pommes de terre de type Ratte

★ 1 gousse d'ail

★ 1 branche de thym

★ 1 feuille de laurier

★ 50 g de beurre

★ Sel, poivre, fleur de sel

SORTIR LA CÔTE DE BŒUF du réfrigérateur 1 heure avant la cuisson, l'assaisonner à la fleur de sel.

LAVER ET COUPER les pommes de terre en 2 ou 3 morceaux.

DANS UNE COCOTTE COUVERTE, faire cuire à feu doux le beurre, le thym, le laurier, l'ail et les pommes de terre pendant environ 25 minutes. Surveiller régulièrement la cuisson, le beurre doit toujours « chanter »… Rajouter une pincée de sel en fin de cuisson.

DANS UNE POÊLE TRÈS CHAUDE, saisir la côte de bœuf pendant 5 minutes sur chaque face. Finir la cuisson dans un plat 15 minutes au four à 180 °C (thermostat 4-5). Laisser la côte de bœuf reposer dans un endroit tiède pendant 20 minutes (sur la porte ouverte du four, par exemple).

AJOUTER AUX POMMES DE TERRE les portions de La vache qui rit coupées en gros dés et un peu de persil plat ciselé.

Conseil du chef

Juste après la cuisson, laisser reposer les pièces de viande au moins aussi longtemps que la durée de la cuisson, afin d'obtenir une viande de couleur uniforme, et la plus tendre possible. Réchauffer la côte de bœuf 1 ou 2 minutes dans un four très chaud avant de la servir.

Épaule d'agneau au thym, fondant de fèves et petits pois à La vache qui rit

Pour 4 personnes

- ★ 8 portions de La vache qui rit
- ★ 1 épaule d'agneau entière (faites enlever par votre boucher la peau fine de l'épaule)
- ★ 300 g de petits pois
- ★ 300 g de fèves
- ★ 25 g de beurre
- ★ 2 cuillères à soupe de jus de rôti déshydraté
- ★ 4 gousses d'ail
- ★ 4 branches de thym frais
- ★ 1 feuille de laurier
- ★ 20 cl d'eau
- ★ Sel, poivre

POSER L'ÉPAULE SUR LA LÈCHEFRITE du four avec l'ail, le thym, le laurier, le beurre, une cuillère de jus de rôti et 10 cl d'eau. Faire cuire pendant 2 heures au four à 140 °C (thermostat 1), en arrosant régulièrement avec le jus.

CUIRE LES LÉGUMES dans un grand volume d'eau salée, les égoutter.

DANS UNE CASSEROLE, disposer les légumes, les portions de La vache qui rit, 10 cl d'eau et le reste du jus de rôti en poudre. Laisser cuire doucement jusqu'à ce que toute l'eau soit évaporée.

DÉCOUPER L'ÉPAULE, la présenter avec la cassolette de légumes servie à part.

Conseil du chef

Arroser la cassolette avec le jus de viande.

Médaillon de veau croûté à la moutarde en grain et à La vache qui rit,
cocotte de champignons sauvages

Pour 4 personnes

★ 8 portions de La vache qui rit

★ 4 pavés de veau de 160 g chacun

★ 2 cuillères à soupe de moutarde à l'ancienne

★ 20 g de beurre

★ 25 cl de vin blanc

★ 50 g de morilles séchées

★ 200 g de pleurotes

★ 200 g de champignons de Paris

★ 200 g de girolles

★ 1 échalote

★ Quelques feuilles de persil

★ 20 g de beurre

★ Sel, poivre

218

Dans un bol, mélanger la moutarde et les portions de La vache qui rit au fouet.

Dans une poêle, faire dorer le veau sur toutes les faces à feu vif avec une noisette de beurre. Retirer la viande de la poêle et l'assaisonner de sel et de poivre. Tartiner les pavés de veau avec le mélange de moutarde et de La vache qui rit sur une épaisseur de 1 cm. Verser le vin blanc dans la poêle encore chaude pour déglacer. Réduire de moitié et rectifier l'assaisonnement.

Mettre les morilles à tremper dans de l'eau froide une dizaine de minutes. Gratter au couteau les pieds des autres champignons, les laver et les sécher dans un linge. Égoutter les morilles. Éplucher et émincer l'échalote en fines lamelles.

Dans une poêle avec un filet d'huile d'olive chaude, faire sauter les champignons à feu vif, avec une pincée de sel. Lorsque toute l'eau des champignons s'est évaporée, ajouter l'échalote et une noisette de beurre et faire dorer les champignons 3 à 4 minutes. Ajouter quelques feuilles de persil.

Cuire les pavés de veau au four à 220 °C (thermostat 6) durant 4 à 5 minutes. Servir la poêlée de champignons avec le veau et les arroser de jus.

Conseil du chef

Vous pouvez utiliser des champignons surgelés.

Moelleux de volaille au foie gras, bouillon de poulette à La vache qui rit

Pour 4 personnes

★ **4 portions de La vache qui rit**

★ 2 gros filets de poulet

★ 150 g de foie gras cru

★ 1 carcasse de poulet (ou 2 cuisses)

★ 1 oignon

★ 1 carotte

★ 1 cube de bouillon

★ 20 cl de crème liquide

★ Sel, poivre

Pour le bouillon, faire fondre le cube dans de l'eau chaude.

Laver, éplucher et couper en dés l'oignon et la carotte. Les poser au fond d'une casserole avec la carcasse de poulet et le bouillon, et recouvrir d'eau. Cuire 30 minutes à petit feu.
À la fin de la cuisson, filtrer le jus et le réduire des trois quarts.
Y ajouter la crème, et cuire encore 10 minutes à petits bouillons.
Rectifier l'assaisonnement de sel et de poivre. Mixer la préparation obtenue avec les portions de La vache qui rit et la mettre de côté.

Préparer les moelleux : couper les filets de poulet en deux dans l'épaisseur. Assaisonner de sel et de poivre. Disposer les morceaux de foie gras cru sur les filets. À l'aide de film alimentaire, maintenir les filets de poulet enroulés autour du foie gras.
Plonger ces boudins de volaille dans une casserole d'eau bouillante à léger frémissement pendant 15 minutes.
Sortir les moelleux et les laisser refroidir 2 heures au réfrigérateur.

Couper les boudins en grosses tranches.

Servir le moelleux froid dans une assiette creuse et l'arroser de bouillon de volaille à La vache qui rit, chaud et émulsionné.

Conseil du chef

Préparer les moelleux de volaille la veille, afin qu'ils se coupent mieux le lendemain.

221

Ravioles de La vache qui rit et magret fumé, *velouté d'asperges vertes*

Pour 4 personnes

- ★ **6 portions de La vache qui rit**
- ★ 100 g de magret de canard fumé et tranché
- ★ 2 bottes d'asperges vertes
- ★ 12 feuilles de pâte à ravioles chinoises
- ★ 1 oignon
- ★ 10 cl de crème
- ★ 1 œuf
- ★ 5 cl d'huile d'olive
- ★ Quelques pluches d'herbes
- ★ Sel, poivre

COUPER L'OIGNON EN PETIT DÉS et le faire revenir dans une casserole avec de l'huile d'olive jusqu'à ce qu'il soit translucide.
Couper les asperges vertes en fines rondelles. Ajouter les morceaux d'asperge, 1/2 l d'eau et la crème dans la casserole avec les oignons. À partir de l'ébullition, compter 10 minutes de cuisson.

MIXER LE TOUT.

DANS UN SECOND TEMPS, étaler les feuilles de pâte à ravioles et les badigeonner de jaune d'œuf avec un pinceau.

AU CENTRE DE CHAQUE PÂTE, poser une demi-portion de La vache qui rit et une lamelle de magret fumé sans le gras. Replier les pâtes sur elles-mêmes et presser sur les bords.

DANS UN GRAND VOLUME D'EAU SALÉE, cuire les ravioles 2 minutes, puis les égoutter sur un linge.

METTRE TROIS RAVIOLES dans une assiette creuse, un peu de crème d'asperge, décorer avec quelques herbes fraîches et le reste de magret fumé coupé en petits morceaux.

Conseil du chef

Utiliser des asperges surgelées, plus pratiques hors saison. On trouve facilement la pâte à ravioles dans les épiceries asiatiques.

Royale de foie gras aux amandes grillées et émulsion de La vache qui rit, réduction de Porto

★ **5 portions de La vache qui rit**

★ 100 g de foie gras frais de canard

★ 10 cl de crème liquide

★ 10 cl de lait

★ 10 autres cl de lait

★ 3 jaunes d'œufs

★ 15 cl de porto

★ 2 carrés de sucre

★ Quelques amandes fumées (au rayon apéritif)

★ Sel, poivre

Pour 4 personnes

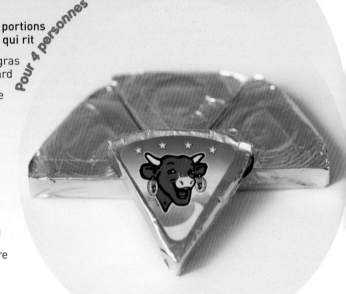

MIXER LE FOIE GRAS, 10 cl de crème, les jaunes d'œufs et 10 cl de lait : il s'agit de « l'appareil à royale ».

PASSER CETTE PRÉPARATION dans une passoire fine et laisser reposer une heure au réfrigérateur.

BEURRER L'INTÉRIEUR DE PETITS RAMEQUINS, déposer une amande au fond de chacun et verser la royale par-dessus. Cuire au bain-marie dans un four à 120 °C (thermostat 1) pendant 40 minutes.

MÉLANGER 10 CL DE LAIT aux portions de La vache qui rit et porter à ébullition.

DANS UNE POÊLE, réduire tout doucement le porto et les carrés de sucre jusqu'à obtenir une consistance sirupeuse.

LORSQUE LES ROYALES SONT SORTIES DU FOUR, les laisser reposer un quart d'heure à température ambiante.

RENVERSER CHAQUE ROYALE dans une assiette creuse, émulsionner au mixeur le mélange de lait et de La vache qui rit pour obtenir une mousse généreuse. En napper les royales, puis les décorer d'un filet de porto réduit et d'une amande.

Conseil du chef

Les royales sont très fragiles, il faut donc les manipuler avec précaution. Vérifier la cuisson avec la pointe d'un couteau : si elle en ressort sèche, c'est que les royales sont cuites !

Recettes gastronomiques | **Garniture**

Gratin de blettes à la truffe et à La vache qui rit

Pour 4 personnes

★ **12 portions de La vache qui rit**

★ 2 pieds de blettes aux feuilles bien vertes

★ 1 petite truffe de 20 g

★ 1 citron

★ 1/2 cuillère à soupe de fécule de pomme de terre

★ 80 g de Leerdammer®

★ Sel

★ Lait

226

SÉPARER LES CÔTES DES BLETTES – parties blanches – des feuilles vertes.

ÉPLUCHER AVEC UN COUTEAU économe l'extérieur des côtes blanches.

CUIRE LES FEUILLES VERTES 1 minute dans l'eau bouillante salée. Les égoutter avec une écumoire et les presser.

PRESSER LE CITRON dans la même eau bouillante. Y cuire les côtes blanches 4 minutes.

DANS UN PLAT À GRATIN, disposer les côtes blanches et les feuilles vertes en les intercalant.

MIXER LA TRUFFE, la fécule de pomme de terre et le lait et verser le mélange sur les blettes. Disposer les portions de La vache qui rit par-dessus et parsemer de Leerdammer®.

CUIRE PENDANT 90 MINUTES à 170 °C (thermostat 3-4).

Conseil du chef

On trouve des blettes surgelées prêtes à l'emploi. Réaliser le même gratin avec du céleri en branches et un céleri-rave.

Recettes légères

Carpaccio de tomates, melon et olives, vinaigrette allégée à La vache qui rit

Pour 4 personnes

★ **4 portions de La vache qui rit**

★ 1 melon

★ 2 belles tomates bien mûres

★ 1 yaourt nature

★ 2 cuillères à soupe d'eau

★ 1 cuillère à soupe de vinaigre

★ 12 grosses olives vertes

★ Quelques feuilles de salade

★ Sel, poivre

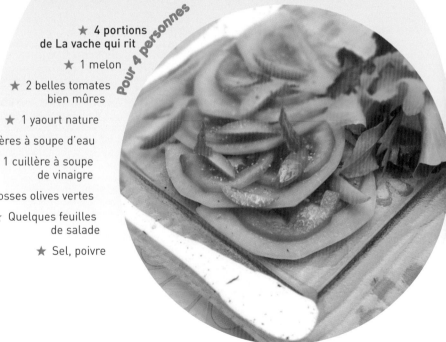

ÉPLUCHER ET COUPER LE MELON en quatre. Le vider et le couper en fines lamelles, ainsi que les tomates.

SUR UNE ASSIETTE, intercaler les fines tranches de melon et de tomates. Couper les olives vertes en deux et les déposer sur le carpaccio.

DANS UN BOL, mélanger avec un fouet les portions de La vache qui rit, l'eau, puis le yaourt et le vinaigre.

ASSAISONNER DE SEL et de poivre.
Verser la vinaigrette sur le carpaccio et décorer avec les feuilles de salade.

Conseil du chef

Vous pouvez utiliser
des tomates cerises
à la place des tomates
et utiliser aussi
de la pastèque
au lieu du melon.

Fraîcheur à La vache qui rit, aux herbes et légumes croquants

Pour 4 personnes

* ★ 12 portions de La vache qui rit
* ★ 1 fenouil
* ★ 2 yaourts nature
* ★ 2 branches de céleri
* ★ 2 branches de persil plat
* ★ 1 oignon rouge
* ★ 1 cuillère à café de graines de fenouil
* ★ Sel, poivre

Laver les légumes. Ciseler l'oignon rouge en petits dés, le plus finement possible. Éplucher le céleri à l'aide d'un économe et le couper en petits bâtonnets de 1 cm de largeur. Dans chaque côte du fenouil, découper des petits dés. Hacher grossièrement le persil plat.

Assaisonner tous ces légumes avec sel, poivre, persil et graines de fenouil.

Dans un bol, mélanger les portions de La vache qui rit avec le yaourt. Fouetter avec un batteur électrique pendant au moins 5 minutes, jusqu'à l'obtention d'une crème mousseuse.

Mettre le mélange de légumes dans des petits verres et recouvrir avec une grosse cuillère de fraîcheur à La vache qui rit. Décorer avec des herbes fraîches.

Conseil du chef

La fraîcheur à La vache qui rit est aussi délicieuse avec un peu d'aneth frais à la place des graines de fenouil. C'est la recette idéale pour de petits amuse-bouches, en été avec des amis !

Velouté de carottes à l'orange et à La vache qui rit

★ **10 portions de La vache qui rit**

★ 400 g de purée de carotte surgelée

★ 1 verre de jus d'orange

★ 1 carotte

★ Quelques brins de ciboulette

★ Sel, poivre

Pour 4 personnes

DANS UN MIXEUR, MÉLANGER LES PORTIONS de La vache qui rit, le jus d'orange et la purée de carotte. Rectifier l'assaisonnement et placer au frais jusqu'à dégustation.

LAVER, ÉPLUCHER ET COUPER la carotte en bâtonnets de 3 à 4 cm de longueur.

VERSER LE VELOUTÉ DANS UN BOL et décorer avec les bâtonnets et de la ciboulette.

Conseil du chef

Très vitaminé, le velouté doit être dégusté bien frais en entrée, l'été. Idéal pour le brunch...

Aiguillettes de poulet en vapeur de menthe à La vache qui rit

★ **6 portions de La vache qui rit**

★ 12 aiguillettes de poulet

★ 2 branches de menthe

Pour 4 personnes

★ 1 citron

★ 4 endives

★ 1 cuillère à café de raisins secs

★ 5 cl d'eau tiède

PRÉLEVER 4 BELLES FEUILLES de menthe et les hacher finement.

ROULER LES AIGUILLETTES DE POULET avec la menthe hachée
et laisser mariner dans une assiette pendant 5 minutes.
Verser dans un couscoussier ou un cuit-vapeur 2 verres d'eau
et y jeter la menthe restante. Laisser bouillir 5 minutes.

PENDANT CE TEMPS, ÉMINCER LES ENDIVES le plus finement possible.
Hacher les raisins secs. Râper le zeste de citron.

DANS UN BOL, DÉLAYER LES PORTIONS de La vache qui rit avec
les 5 cl d'eau tiède pour obtenir une sauce onctueuse.
Rajouter les endives, les raisins secs et le zeste
de citron. Mélanger délicatement.

DANS LE COUSCOUSSIER OU LE CUIT-VAPEUR,
répartir les aiguillettes de volaille et saler.

CUIRE 5 MINUTES À LA VAPEUR et servir
avec la sauce.

Conseil du chef

Il est préférable
d'utiliser un récipient
à plusieurs étages,
pour une cuisson plus
juste, afin d'éviter
de superposer
les morceaux
de poulet.

Lasagnes de légumes à La vache qui rit

Pour 4 personnes

- ★ 8 portions de La vache qui rit
- ★ 4 grosses carottes
- ★ 3 courgettes
- ★ 12 feuilles de lasagnes précuites
- ★ 1 échalote
- ★ 30 cl de lait
- ★ 1 tomate
- ★ 80 g de Leerdammer

LAVER ET ÉPLUCHER LES LÉGUMES. Couper la tomate en deux, enlever les pépins et la détailler en dés.

METTRE LE LAIT, les portions de La vache qui rit et la tomate à bouillir.

COUPER LES LÉGUMES en fines lamelles. Monter les légumes et les pâtes en mille-feuille dans un grand plat creux. Verser le lait bouillant sur les lasagnes. Saupoudrer de Leerdammer. Cuire au four 40 minutes à 180 °C (thermostat 4-5).

Conseil du chef

Si les lasagnes se colorent trop vite, les couvrir d'une feuille de papier d'aluminium. Si elles paraissent trop sèches, y rajouter un petit verre d'eau.

239

Papillotes de volaille à La vache qui rit, tagliatelles de légumes

★ **4 portions de La vache qui rit**

★ 4 filets de poulet

★ 4 carottes

★ 2 courgettes

Pour 4 personnes

LAVER LES COURGETTES. Éplucher les carottes. Couper les légumes en fines lamelles dans la longueur, en forme de tagliatelles.

SUR UNE FEUILLE DE PAPIER SULFURISÉ, disposer les tagliatelles de légumes de manière harmonieuse et déposer par-dessus un filet de poulet puis les portions de La vache qui rit.

REPLIER LE PAPIER SULFURISÉ et cuire au micro-ondes puissance moyenne pendant 10 minutes.

Conseil du chef

La volaille est cuite lorsque la papillote commence à gonfler.

Penne aux câpres, pousses d'épinard et La vache qui rit

★ 8 portions de La vache qui rit

★ 250 g de penne

★ 150 g de petites pousses d'épinard

★ 3 cuillères à soupe de câpres à l'huile

★ Sel, poivre

PLONGER LES PENNE DANS UNE GRANDE CASSEROLE d'eau bouillante salée pendant 10 minutes. À la fin de la cuisson, les refroidir sous un filet d'eau froide afin d'éviter qu'elles ne collent.

MÉLANGER LES PENNE, les câpres avec leur huile, le sel et le poivre.

COUPER LES PORTIONS de La vache qui rit en gros dés et les disposer sur les penne.

DRESSER HARMONIEUSEMENT dans un bol avec les pousses d'épinard.

Conseil du chef

Cuire les penne *al dente* leur conserve leur fermeté. Préférer les câpres à l'huile aux câpres en saumure, car elles sont moins salées. Cependant, les câpres en saumure peuvent être au préalable bouillies dans un fond d'eau pendant 30 secondes.

Marinade de courgette à La vache qui rit,
mesclun de jeunes pousses

★ **4 portions de La vache qui rit**

★ 3 petites courgettes

★ 150 g de jeunes pousses de salade (mesclun)

★ 2 oignons nouveaux avec leur partie verte, la cive

★ Huile d'olive

★ Vinaigre de xérès

★ Sel, poivre au moulin

Pour 4 personnes

LAVER LES COURGETTES et les tailler en lamelles le plus finement possible. Les étaler sur un plat large avec un peu de sel fin. Laisser dégorger 5 minutes.

CISELER L'OIGNON EN PETITS DÉS et émincer la cive.

ÉPONGER LES COURGETTES avec du papier absorbant afin de retirer l'eau. Assaisonner les courgettes et les cives de quelques tours de moulin à poivre et d'un filet d'huile d'olive.

DISPOSER LES LAMELLES DE COURGETTE en rosace au centre de quatre assiettes plates. Déposer par-dessus une demi-part de La vache qui rit. Superposer une autre rosace, une demi La vache qui rit et une dernière rosace, de manière à monter un millefeuille. Servir accompagné de mesclun avec l'huile d'olive et le vinaigre.

Conseil du chef

Eviter d'assaisonner les courgettes avec du vinaigre ou du citron : l'acidité noircit les légumes.

Table des recettes

Chef de projet Caroline Jirou-Najou

Réalisation

Catherine Bonifassi,
Aline Flechel, Patrice Renard,
Merci à Pascaline Mangin

Conception, rédaction des recettes L'atelier des chefs

Remerciements aux Fromageries Bel, Valérie Auger et Thierry Crouzet

Crédits photographiques

p. 13 : Nina Shannon/p.14 (vignette) : Agence Saatchi & Saatchi Dubaï/p. 19, 38, 41, 42, 58, 62, 63, 64, 77, 78, 84 (gauche et droite), 85 (gauche et droite), 86, 87, 89, 94, 95, 97, 98 : Benjamin Rabier © ADAGP, Paris 2006
p. 21 : Agence Ledoborec-Michaela Nussbergerova/p. 22, 24 : Agence Leo Burnett
p. 23 : Agence A&T Advertising/p. 25 : Agence FCA Tunisie/p. 28 : Studio Odyssée-Catherine Bru
p. 30 : Brandon Blinkenberg/p. 52 : RSCG/p. 74, 110 : Agence Darcy/p. 83 : Hervé Baille © ADAGP, Paris 2006
p. 96 : Hervé Morvan © ADAGP Paris, 2006/p. 100 : Agence JR Monfort Pub/p. 102, 103, 108 : Agence FCB
p. 104, 105 : Lowe Troost/p. 106, 107, 109, 116,117, 118, 119 : TBWA/p. 120, 121 : Cécile Seynaeve
p. 122 haut : Kito de Pavant/p. 122 bas, 123 : Guilain Grenier/p. 125 : Cécile Chateau/p. 140, 152, 154, 162, 164, 172, 178, 184, 186, 196, 198, 200, 208, 210, 214, 218, 220, 230, 240, 242 : Isabelle Schaff
p. 180 : Kamil Fazrin Rauf/p. 206 : Johnny Lye/p. 222 : Marcin Pasko/p. 234 : Winston Davidian
p. 216 : Nitipong Ballapavanich/p. 204 : matka_Wariatka/p. 190 : Peter Doomen/p. 192 : Sally Wallis
p. 172 : Lori Sparkia/p. 148 : Paul Reid/p. 146 : Eric Wong/p. 160 : Lori Sparkia/p. 150 : iwka
p. 142 : LockStockBob/p. 170 : Edyta Pawlowska/p. 176 : Marilyn Barbone/p. 138 : Jackson Gee
p. 228 : Simone van den Berg
Autres photographies : tous droits réservés

Dumas-Titoulet Imprimeurs

N° d'imprimeur : **44682**
Imprimé en France
Dépôt légal : novembre 2006
ISBN : 2-7499-0568-0
LAF 917